아르
티장 Artisan

아르티장

ARTISAN

ⓒ유승호 2017

초판 1쇄 발행 2017년 4월 18일

글 유승호

펴낸곳 도서출판 가쎄 [제 302-2005-00062호]
*gasse • 아카데미는 도서출판 가쎄의 임프린트입니다.

주소 서울 용산구 이촌로319 31-1105
전화 070. 7553. 1783 / 팩스 02. 749. 6911
인쇄 정민문화사
ISBN 987-89-93489-65-1
값 13,800 원

www.gasse.co.kr

•This work was supported by the National Research Foundation of Korea Grant funded by the Korean Government (NRF-2014S1A3A2044729)

아르티장

ARTISAN

티장

유승호 지음

gasse·아카데미

차례

—

들어가며,

—

아르티장,

자신의 나라를 만들다

몇 해 전 IT 관련 국제 학회에 참석했을 때 아직도 기억에 생생히 남아있는 장면이 있다. 학회가 열리는 건물의 로비 구석 테이블에서 어떤 사람이 컴퓨터 언어로 프로그램을 짜던 모습이다. 관련 학회이니 당연하고도 흔한 장면이겠지만 그 기억이 생생한 이유는 그가 백발의 할아버지였고 그런 사람이 여기저기 흔하게 눈에 띄었기 때문이다. 나는 아직도 인생 이모작 삼모작이 필요한 때라고 말하는 사람을 잘 이해하지 못한다. 새로운 일을 찾아야 할 사람도 있겠지만 하던 일을 일생의 일로 부단하게 만들어야 할 사람도 있다. 스스로 쌓은 기술로 타인에게 직접 도움을 주는 사람들이 특히 그렇다. 현대는 노련한 결정지능과 영민한 유동지능이 상반되는 것이 아니라 서로 연합하는 시대이다. 그렇게 일생을 성공이 아닌 성장을, 자리가 아닌 역량을, 넓이가 아닌 깊이를, 고립이 아닌 독립을 추구하는 사람들, 이로써 자유롭고 아름다운 사람들을 나는 아르티장이라고 부른다. 이들은 현대판 문화영웅이다. 인류학자 말리노프스키는 "세상을 인류가 거주할 만한 안전한 곳으로 만들며, 인간에게 문명의 기술을 가르쳐주는 인물"을 문화영웅이라고 불렀다. 물론 복잡한 현대 사회에서는 다를 것이다. 나 하나 성장한다고 그만큼 세상이

확 바뀌지는 않을 것이다. 잘 바뀌지 않는 세상 속에서 개인의 성장은 어느 수준에 가면 한계에 봉착할 수도 있다. 그러나 내가 일생을 성장한다면 그만큼 세상은 바뀐 것이며 그 에너지는 주변으로 퍼져간다. 그 에너지가 네트워크와 만나면 작은 파동은 거대한 파고로 전환될 수 있다. 물론 개화하지 못하고 푸르른 잎에 그칠 수도 있다. 그래도 둘 다 아름답기는 매한가지이다.

이 책은 총 3부로 구성되어 있으며, 9개의 장으로 이루어져 있다. 1부와 3부는 지금 우리 시대의 아르티장인 장인, 달인, 기술자에 대한 예찬과 염려, 그리고 운명에 대한 이야기이다. 2부는 기술과 예술에 자신의 삶을 바치며 찬란한 시절을 이끌었던 아르티장에 대한 이야기와 그들이 왜 칭송받아 마땅한가에 대한 사상적 근거를 다루고 있다. 러스킨의 사상에서, 바그너의 오페라에서, 그로피우스의 바우하우스에서, 헉슬리의 소설에서, 그리고 아직도 시퍼렇게 명맥을 유지하는 꼼빠뇽단과 모노즈쿠리들로부터, 우리는 자본의 타락과 비도덕에 저항하며 기술을 예술로 격상시키고, 그것을 다시 사람들의 일상으로 되가져오는 아르티장들의 이야기를 들을 수 있을 것이다.

—

I. 현재

—

멀리 떨어진 것을 측정하는 것은 거리가 아니다.

평범한 가정집 담이 중국의 만리장성보다

더 많은 비밀을 간직하고 있을 수 있으며,

사하라 사막의 모래가 오아시스를 보호하지만 그보다

소녀의 마음은 침묵이 더 잘 보호하는 것이다.

— 생텍쥐페리, 우연한 여행자

1. 춘천을 뉴욕하다

춘천을 떠올리면 막국수와 닭갈비가 생각난다. 강릉 하면 바다와 커피가 떠오른다. 그런 연상은 아주 작은 곳에서부터 시작되었다. 춘천의 막국수는 3명의 장인에서, 강릉의 커피는 2명의 장인에서. 지역의 이미지란 사람의 일생으로 엮어진다. 한 사람의 경제활동을 길게 잡아 50년이라고 한다면, 한 사람의 에너지는 반세기라는 시간의 심연을 거쳐 주변에 에너지를 흩뿌린다. 국가대표는 김연아이지만 지역대표는 장인들이다. 지역의 장인들은 이미지와 스타성보다 진정성과 진지함을 추구한다. 밋밋한 춘천막국수지만 막국수를 자주 먹는 사람들에겐 그 맛이 다르다. 어느 여름날 조금 이른

점심을 하러 춘천 막국수 집에 들러보라. 한쪽 구석 테이블 위에서 이것저것 모아놓고 신메뉴의 품평회를 열고 있는 사람들을 발견하게 될 것이다. '서빙하는 아주머니들'이 그들이다. 그냥 웃으며 서빙하던 아줌마들은 맛의 품평자가 되어 서로 티격태격한다. 막국수의 맛은 더 나은 맛을 위한 작은 열정 위에 존재한다.

한 지역은 어떻게 해야 발전할 수 있을까. 우리는 한 지역이 발전한다는 것의 정의를 어떻게 내릴 수 있을까. 그 지역에 숙련된 일꾼들이 많은 만큼 발전한다고 생각하면 크게 틀리지 않는다. 지식과 경험이 축적된 사람들이 많을수록 그 주변으로 사람들은 모이게 되어 있다. 그곳이 산속 깊숙한 곳이어도 그의 수제자가 되기 위해 모이지 않는가. 그 지식과 경험의 산중인을 구경하기 위해, 느끼기 위해, 배우기 위해, 찬탄하기 위해, 나누기 위해 이곳저곳에서 사람들이 모여든다. 최고의 음식점을 가리는 미슐랭가이드의 별은 세 개가 만점인데, 별 셋의 의미는 '멀리서도 기꺼이 와서 맛을 보고 싶은 식당'이라고 한다. 최고 기술을 맛볼 수 있는 그곳은 하나의 전시가치를 획득한다. 최고의 기술자들이 모이는 바로 그곳이 성공한 곳이다. 성공한 지역은 성장하는 사람들이 모인 곳이다. 지리학자 엔리코 모레티의 〈일자리의 지리학〉에 따르면, 숙련된 노동자들이 일신우일신(日新又日新)으로 빨대 역할을 하는, 이른바 혁신과 창조가 무성한 곳이다.

뉴욕 브루클린에서는 야외 푸드마켓 '스모가스버그'가 화제다. 해마다 인기가 높아지는 먹거리 축제다. 랍스터 롤, 멸치 튀김, 화덕에서 막 구워낸 피자, 옛날 방식으로 조리한 바비큐, 일본식 타코, 베지테리언 크랩 샌드위치, 집에서 직접 만든 미트 소스, 초콜릿, 그 외에도 셀 수 없이 많은 음식이 소문을 듣고 찾아온 이들의 호기심과 미각을 자극한다. 스모가스버그는 스웨덴어 스모가스보드(Smörgåsbord)에서 왔다. 오픈 샌드위치 등 뷔페 음식을 뜻하는 스모가스와 도마를 뜻하는 보드, 즉 뷔페식 도마이고, 버그는 식탐 벌레를 뜻한다. 스모가스버그는 뉴욕의 인디 요식업체와 식기업체, 그린마켓 농부 등 100여 개의 연합체로 구성되어 있으며, 무서운 속도로 성장 중이다. 이러한 인기 요인 중 하나는 간편하게 파티를 즐길 수 있다는 점이다. 탁 트인 장소에 음식까지 마련돼있으니, 파티 준비의 수고로움을 덜 수 있다. 물론 맛도 훌륭하다. 업체들은 굉장히 까다로운 심사를 거쳐야 한다. 지원업체 중 10% 정도의 업체만이 영업할 수 있을 정도로 철저한 관리가 이루어지고 있고 그것이 곧 성공의 요소가 되고 있다. 〈메트로폴리스〉는 "마치 브루클린에 사는 스물여덟 살 남자 전부가 저마다 수제 피클을 만들고 있는 것처럼 보인다"라고 보도했을 정도이다(Karrie Jocobs, 2010).

또 브루클린에는 세계에서 가장 큰 옥상 텃밭 농장으로 알려진 브루클린 그레인지(Brooklyn Grange)도 있다. 브루클린 그레인지의 핵심 멤버 다섯 명의 도시농부들은 2012년 브루클린 네이비야드(Brooklyn Navy Yards)의 65,000평방피트 규모의 옥상에 20년 임대계약을 체결했다. 브루클린 그레인지는 단 2년 만에 Roberta's와 Paulie Gee's와 같은 근처 레스토랑뿐 아니라 CSA 멤버십과 일반 파머스마켓에 서비스를 제공하고 있다. 또한 뉴욕의 디너랩처럼 빈 사무실, 창고를 활용하는 소셜 다이닝도 확산 중이다. 〈뉴욕타임스〉에 따르면 2012년 루이지애나 주 뉴올리언스에서 시작된 디너랩은 뉴욕과 샌프란시스코, 시카고, 마이애미, 워싱턴DC 등 미국 주요 20개 도시로 확산되면서 연 1,500회의 실험적 만찬을 제공하는 소셜 다이닝 클럽으로 발전하고 있다. 100달러를 내고 회원으로 가입하면 자신이 살고 있는 도시에서 열리는 만찬에 초청받을 수 있다. 식사 후에는 셰프와 음식에 대한 의견을 주고받는 시간도 마련된다. 회원은 음식과 서비스를 점수로 매기고 이를 통해 유명해진 셰프는 자신의 이름을 건 자신만의 레스토랑을 여는 기회도 얻을 수 있다. 뉴욕타임스는 '얼마나 창의적인가가 음식을 평가하는 기준'이라며 '디너랩에서 처음 만난 사람과 한 식탁에 앉아 음식을 소재로 대화를 나누는 것도 색다른 경험'이라고 소개했다(한국경제, 2014). 이제 특정 지역을 기반으로 장인형 상품을 생산하는 역공학적 지역특산물(Reverse Engineering Terroir)은 유럽만이 아닌 미국 쪽으로도 이전하고 있다(Paxson, 2010). 최첨단 도시 뉴욕이 대량생산의 논리를 거역하며 우리를 유혹하고 있는 것이다.

브루클린의 또 다른 곳, 네이비야드에서는 300에이커 규모의 대형 산업공단이 조성되고 있다. 미 해군 조선소가 위치했던 네이비야드는 한때 5,000여 명의 근로자가 일하던 곳이며 제2차 세계대전 기간 중인 최고 전성기 때는 7만 명까지 고용했다고 한다. 쇠락해버린 이곳에 이제는 젊은 청년들이 모이면서 소규모 첨단기술의 생산장이 되고 있다. 네이비야드에서 약 930제곱미터의 공간을 임차해 쓰고 있는 '페라 디자인(Ferra

Designs)'은 건축구조물을 전문적으로 다루는 금속 가게이다. 이곳의 대표 제프칸은 "이 가게 종업원 15명 중 대부분은 인근 프랫대학교를 졸업한 산업 디자이너이며, 그들 대부분은 30세 미만이며, 장인정신이 투철하다. 그들은 건물을 어떻게 짓는지 알고 싶어 한다. 일종의 르네상스라 할 수 있다."라고 말한다. 이를 미국 제조업 부활의 신호로 보는 학자까지 있다(Morreti, 2014:58).

HBO 드라마 걸스(girls)에서는 한 젊은 독신녀가 겨자 사업체를 차리는데, 이 여성은 트렌디한 여성상으로 부각된다. 드라마가 바뀌었다는 것은 세간의 생각도 바뀌었다는 것을 의미한다. 10년 전만 하더라도 트렌디한 여성상에는 칵테일이 더 어울렸지만 21세기 여성상에는 수제품 제작자의 이미지가 투영된다. 브루클린, 포틀랜드, 오리건 같은 지역은 이제 수제품 소비와 생산의 중심지이다(Newsweek, 2013). 에밀리 매트차(2013)는 '여성이 가정으로 돌아가는 이유'라는 논문에서 여성의 가정복귀 움직임은 현대 직장에 대한 환멸에서 비롯된 것으로 의미 있는 삶을 살려는 욕구를 반영한다고 말한 바 있다. 전통 요리, 도시 양계가 뜨는 이유는 일이 없어 가정에만 머물러야 하는 기존의 전업주부 여성과는

별 관련이 없다. 그는 '요즘 미국의 집단적인 향수와 가사 열풍은 깊은 문화적 동경의 발로로써, 미국인들이 지닌 인생관의 근본적 변화'라고 적었다.

2. 신촌을 동경하다

신촌 라이프는 즐겁다. 그러다 보니 사람들이 몰린다. 서울 홍대 주변 번화가는 임대료가 치솟는 젠트리피케이션 (gentrification) 현상으로 상수역, 합정역, 다복길 쪽으로 상권이 퍼졌다. 새로운 상권은 기존 다세대주택을 개조하여 반지하와 1층을 트는 신개념의 건축디자인으로, 예쁘고 개성 있는 가게와 카페들로 채워졌다. 멋없는 다세대 벽돌 주택도 탈바꿈만 잘하면 동네와 거리를 멋지게 꾸밀 수 있었다.

그런데 어둠이 깔리고 하나둘 가게, 식당, 카페마다 불이 켜지는데 여기가 서울인지 일본 시부야 거리인지 알 길이 없다. 한국말보다 일본말 간판이 더 많고 카페, 라면, 돈가스,

✾

소바, 교자 집에 맥주까지 모두 일본풍의 식당들에만 손님이 붐볐다. 점원들은 대부분 일본식 의상에 일본식 인사법으로 손님을 맞았다. 한국 관광을 온 중국인, 일본인에게 한국의 '문화중심'을 보여준다는 것이 무색할 정도다. 다복길 주변에서 한식당을 찾던 사람들은 한참을 헤매다 겨우 보리굴비를 차려내는 한식당을 찾아낸다. 우경화로 치닫는 일본에 우리는 열심히 방어막을 치고 있었는데 그사이 일본의 일상문화는 어느덧 우리 청년문화의 중심에 깊숙이 스며들었다. 이유가 궁금해졌다. 몇 해 전 우리는 덴마크 우유의 '김현복 장인' 소동을 겪었다. 그 우유에서 덴마크와 김현복은 모두 '가상'이었지만 둘 다 장인이라는 세련된 이미지 때문에 그 사달이 난 것 아닌가. 그런데 혹시 그것 때문에 홍대가 그렇게 변한 건 아닐까.

스시의 세계화에는 건강 트렌드, 소비의 고급화, 냉동운반 기술의 발전 등 많은 변수와 조건들이 있었겠지만 역시 기본은 요리 장인들의 존재일 것이다. 스시 하면 참치고 참치가 스시의 대표가 된 이유는 '요시노스시혼텐' 때문이었다. 요시노스시혼텐은 1880년에 시작된 스시집으로 마구로 토토가 탄생한 전통의 스시집이다. 에도시대에 탄생한 스시지만 그 당시 마구로는 싸구려 생선 중에서도 아주 싸구려여서 천민들이나 먹는 음식이었다고 한다.

노점 스시집에서 취급하기 시작한 것도 스시가 대중화되고 나서 한참 뒤였고, 상하기 쉬워 간장에 절여 먹었고, 뱃살 부분인 토로는 그 당시에 먹지도 않았다고 한다. 그러다 한 초라한 어느 식당, 돈이 없어 싼 생선을 살 수밖에 없었던 스시집 주인이 내놓은 참치 뱃살 부분을 사람들이 먹기 시작했고, 그것이 입에서 '사르르(일본식 의태어로 토로토로)' 녹는 음식으로 알려지기 시작했다. 먹지 않아 쓰레기통으로 직행하던 싸구려 음식이 스시의 대표 음식이 되었고, 마구로를 '음식'으로 만든 그 가게는 4대째 이어지고 있다고 한다.

도쿄의 신요코하마 라면 박물관은 라면의 세계화를 잘 대변한다. 기업들이 밀집한 빌딩 한가운데 위치하고 있는 이 박물관은 전 세계에서 가장 맛있는 라면들이 모인 곳이고, 그래서 라면의 역사가 실시간으로 제작되는 곳이다. 이곳에는 일본 각 지역에서 선발된 라면 가게들이 있다. 사람들은 박물관 안에 입점한 이십여 라면집에 줄을 서서 한참을 기다린 후 먹는다. 라면 테마파크라 할 수 있는 이곳 라면 박물관은 매달 라면집을 평가해 최하위 라면 가게는 퇴출하고 새로운 라면집을 입점 시킨다. 그래서 어떤 달은 할리우드식 라면을 팔고, 어떤 달은 꽃게 라면을 판다. 라면 요리의 달인 열전이 벌어지는 이곳의 모토는 이렇다. "우리는 전 세계에서 가장 최고의 라면 장인들을 모아서 이곳에 전시한다." 일본 라면의 고유전통을 강조하기보다 일본 라면이 최고인 이유를 말할 뿐이다. 고유전통을 말하면 보존하고 바꿀 일이 없는데, 이곳 라면 박물관은 혁신하고 창조한다.

수많은 장인들이 '마구로 토토'와 일본 라멘을 만들 듯 자신의 열정을 담아 제품들을 만드는 곳이 혁신과 창조의 도시이다. 문화의 저력이란 결국 '두터운 장인층'이다. 전 세계에 분포해 있는 우리 교포 중에 생계수단으로 초밥집과 라면집을 경영하는 교포도 있을 터인데, 일본인인지 확인을 하고 그렇지 않으면 나가버리는 고객도 있다고 하니, '두터운 장인층'에 끼려면 내키지 않는 가식을 행해야 하는 경우도 있다고 한다. 서울 홍대 앞 가게의 '검정 유니폼'이 강력한 프라이밍효과(priming effect)로 작동하는 이유도 '장인의 아우라' 때문일 것이다.

우리도 '두터운 장인층'을 만들면 될까. 그러려면 장인 같은 직업을 스스로 선택할 수 있는 여건이 만들어져 있어야 한다. 경제학자 포돌니에 의하면, 직업의 선택은 불확실성과 관련이 크다. 스포츠 직업은 돈을 많이 버는 사람과 적게 버는 사람의 편차가 크다. 반면 의사는 돈을 많이 버는 사람과 적게 버는 사람의 편차가 작다. 물론 의사도 망하는 경우가 많지만 스포츠인들보다는 적다는 이야기다. 의사는 돈을 많이 버는 직업으로 알려져 있는데 실제로도 의사 중 중간층의 수입 분포는 아주 두텁다. 의사들의 수입 분포도는 항아리형인 반면 스포츠인은 돈을 아주 많이 버는 사람이 상위에 극소수 분포하는 깔대기형이다. 중간층은 상대적으로 얇다. 이는 곧 스포츠인이 된다는 것은 인생을 불확실한 미래에 맡긴다는 뜻이다. 직업 내의 보수 격차가 클수록 그 직업은 선호되지 않을 가능성이 높다. 불확실성이 높기 때문이다.

물론 포돌니의 연구는 미국을 대상으로 한 연구이다. 그러나 우리나라도 크게 다르지 않을 것이다. 연예인과 예술인이 그렇다. 이 직업군의 보수 차이도 포돌니의 스포츠 직업처럼 차이가 클 것이다. 그래서 남이 하면 멋지지만 나와 내 가족이 하려고 들면 절대 안 된다고 하는 것이다. 예술을 좋아해도 바로 이 보수의 불확실성 때문에 나의 예술적 재능을 직업으로 만들지 못하는 것이다. 연예인 직업이 1위라는 건 초등학생 설문조사다. 그렇다고 아직 머리가 영글지 않은 초등학생을 다 연예인으로 만들 수는 없다. 초등학생 때의 직업선호는 믿을게 못된다. 인간의 선호는 가변적이고 취약하다.

그러니 어릴 적 꿈을 밀고 나가라는 근성과 끈기를 말하기가 무섭다. 어릴 적 꿈이 일생의 꿈이 되려면 사회적 인프라가 필요한데, 우리는 역부족이다. 그런 인프라가 바로 '두터운 장인층'이다. 자기의 기술을 예술과 연결하고 자기의 예술을 기술과 연결하는, 장인과 예인들이 두터운 중간층을 구성할 수 있게 되면 그때서야 '직업선택의 자유'가 생긴다. 두터운 평균층, 두터운 장인층은 직업의 불확실성을 줄여주어 사람들이 자유롭게 자기 일을 선택할 수 있게 한다.

우리는 두터운 장인층을 만들 수 있을까. 대기업과 독점자본으로 불평등이 점점 심화되고 있지만 지배적인 것을 추종하기보다 적극적이고 능동적인 소비를 추구하는 이들도 늘어나고 있다(Tanya Harrod, 1994). 프랜차이즈가 늘어난 만큼 그것에 질리고 싫증 내는 사람들이 점점 많아지고 있다. 그에 상응하여 소규모 장인 제작자들의 기반도 커지고 있다.[1] 소비자도 장인을 지향하고 장인도 소비자를 지향하는 시대가 오고 있다. 장인적 소비는 개인들이 자기를 표현하고 진본성을 나타낼 수 있는 오아시스와 같다. 장인적 소비 활동은 그들 스스로 더 넓은 범위의 상품과 서비스-독특한 요리법이 담긴 요리책 등-를 산출하는 것으로 연결된다. 개인적 정체성을 표출하려는 욕망이 '의미를 담는 장인생산'을 요구하고 있다. 이러한 '소비의 장인화'와 '생산의 장인화', 즉 소비자도 장인처럼 생산자도 장인처럼 세심과 진심으로 소비하고 생산하는 사람들이 곳곳에 출현하고 있다. 이들이 바로 아르티장(Artisan)이다.

러다이트를 연민하다

1811년 봄, 영국 노팅엄에서 러다이트(Luddite)운동이 시작되었다. 지금으로부터 이백 년 전 산업혁명은 증기기관의 발명과 그것을 부수려는 망치와 함께 시작되었다. 분노한 수공업 장인들은 기계를 부수고 공장에 불을 질렀다. 기계들은 수공업 장인들이 쌓아온 기술을 능멸했다. 그러나 결국 그들은 기계에 졌다. 기계는 아무 불평 없이 값싼 제품을 튼튼하게 만들었기 때문이다. 그 사건 이후 그 많던 장인들은 모두 어디로 사라졌을까. 모두 쓰러져 없어지거나 공장의 탈숙련 노동자로 전락했을까.

기계파괴운동의 주동자는 러드(Ludd)라는 이름의 폭도였다. 그 당시 정부는 러드를 잡는다면서 러드의 추종자들을 잡아들였다. 그러나 정작 러드는 잡지 못했다. 러드는 가상의 인물이었기 때문이다. 이름뿐이었던 러드를 공장주는 폭도로, 장인들은 영웅으로 만들었다. 어느 편에선가 먼저 러드를 만들었고, 그 뒤 자신들 집단의 이익에 맞춘 상징들을 만들었고, 한 곳은 희생자로 다른 한 곳은 신격화로 옮겨갔다.

그 후 산업혁명은 근대의 상징이 되었고 러다이트는 퇴행의 상징이 되었다. 그러나 분노와 반동의 시절을 지낸 장인들은 기계를 파괴하는 것으로는 자신들의 꿈을 이루지 못한다는 것을 알게 되었다. 러다이트의 실패 후 그들은, 힘이란 망치와 방화에서 나오는 것이 아니라 제도와 소통에서 나온다는 것을 알게 되었다. 러다이트 후의 차티즘운동, 백 년 뒤 보통선거권의 획득은 그런 각성에서 비롯되었다. 러다이트는 분노로부터 시작되었지만, 각성을 통해 민주주의를 쟁취할 수 있었던 시원이 되었다. 그런 민주주의를 통해 노동자들은 빼앗겼던 기술을 다시 획득할 수 있었다. 대학에서, 직업훈련기관에서, 평생교육기관에서, 스스로 원할 때 언제든 기술을 향상할 수 있는 기회의 인프라를 얻게 되었고, 그런 기술을 통해 스스로의 품위를 지속할 수 있었다. 민주주의는 자본주의가 창조적으로 유지될 수 있는 정치적 인프라였던 것이다. 지금의 서유럽과 북유럽의 선진 민주국가들이 모든 노동자에게 평등하게 부여된 학습권을 통해 개인들의 기술적 역량을 끊임없이 업그레이드시키는 것도 따지고 보면 모두 보통선거권이라는 민주주의의 토양 위에서 가능했던 것들이다. 만약 그런 역사가 없었다면 기계는 기계를 만들고 운영하는 일부의 전문지식기술자들만을 위해 존재했을 것이고, 그 나머지 대부분 노동자의 숙련지식은 사라졌을 것이며, 피폐해져간 노동자 위에 군림한 자본주의는 파시즘이나 공산관료국가로 모두 쏠렸을 것이다. 그렇게 한 개인의 숙련과 기술, 지식은 한 국가의 체제를 결정하고 경쟁력을 결정했다.

산업혁명기의 러다이트 장인들은 죽은 것이 아니었다. 그들은 다만 잠시 떠나갔을 뿐이었다. 그들은 기술자와 엔지니어로, 창의적인 상상력을 지닌 사람으로 기계를 사용하고 활용하며 여기저기 흩어져 존재해 왔다.

알파고와 이세돌의 대국 이후 인공지능 기계는 기계에서 인간으로 거듭나고 있다. 망치로 기계를 파괴하는 시대에서 기계가 직접 인간을 파괴하는 시대로 접어들고 있다. 알파고 앞에서 이세돌은 파괴당했다. 이세돌의 손은 기계를 넘지 못했다. 단지 사람들은 인공지능 기계로부터 단 한 번의 오류를 기대했고 그 오류에 인간은 환호했다. 그러나 그 환호는 러다이트의 분노와 같다. 반동의 상징일 뿐이었다. 곧이어 사람들은 그 환호를 이세돌로부터 인공지능으로 돌렸다. '사람 의사'가 클릭하는 손보다 '인공지능 의사' 왓슨이 클릭하는 커서를 더 믿기 시작한 것이다. 컴퓨터와 마우스만 바라보며 진단을 하던 의사들이 왓슨의 단 한 번의 오류만을 바라야 하는 처지에 이르렀다.

문제는 기계 자체가 아닌, 기계를 만드는 사람들이 아닌, 기계를 만들어낼 수 있는 지식과 조직이다. 기계가 없어도, 기계를 만드는 사람들이 없어도, 그 지식과 조직이 있다면 또 다른 사람들은 지식과 조직의 담지자가 되어 그 기계를 다시 생산할 수 있다. 왓슨은 실체가 없으므로 그 어디에도 없다.

지식운영시스템의 이름일 뿐이다. 왓슨을 잡아 처형한다고 해도 그 왓슨은 사라지지 않는다. 왓슨은 가상이고 알고리즘이기 때문이다.

그러나 이제 우리는 더 이상 왓슨에 열광하거나 무서워할 필요가 없다고 생각할 수 있을까. 러다이트의 후예들이 그랬듯이 우리는 기계로부터 평정심을 유지하며 합리적인 생각을 할 수 있게 된 걸까.

역사는 현재의 시점에서 재평가된다지만, 역사는 또한 그 당시의 시대적 상황과 문맥으로도 봐야 한다. 현재의 시점에서 보자면 러다이터들은 근대를 열었던 자본가에게는 퇴행적이었고 근대를 강요당했던 노동자에게는 낭만적이었다. 그러나 그 당시의 시점에서 보자면 러다이트란 숙련공의 생존을 위한 절실함 그 이상도 그 이하도 아니었다. 러다이트운동이 극에 달했던 19세기 초반기의 영국 노팅엄은 식량 수입 제한, 극심한 흉작으로 숙련공의 생존이 위협받던 시기였다. 거기에 공장주들은 기계를 도입하여 노동자의 수를 줄여 노동인건비를 줄이려 했다. 그 당시 기계를 도입하려면 노동자들의 동의를 얻어야 했는데 공장주들은 기계규제법마저 폐지했다. 숙련공들은 자신들의 판로를 잃었고 몰락해갔다.

❋

노동자로서의 일자리조차 없었다. 톰슨은 이렇게 말한다.

"러다이트 운동은 기계에 대한 맹목적 반대가 아니라 자본
가들의 광폭한 자유에 대한 저항이었다...이런 상황에서 사
람들이 혁명적 봉기를 모의하지 않았다면 그것이 더 놀라운
일일 것이다...문제가 되었던 것은 새로운 기계에 의해서든
공장체계에 의해서든 혹은 무제한의 경쟁, 임금삭감, 경쟁자
들보다 낮은 가격 매기기, 수공업기술의 기준 무너뜨리기 등
어떤 수단에 의해서든 직종의 관습들을 파괴할 수 있는 자
본가들의 '자유'였다. 우리는 19세기 초에 직종이 '제약적인
관행들(restrictive practice)'로부터 필시 자유로웠을 것이며 이
는 불가피하고도 '진보적'인 것이었다는 관념에 너무나 익
숙해져 있기 때문에, 이 같은 수단들로 부를 축적한 '자유로
운' 공장주나 대규모 양말업자 혹은 면직 제조업자가 질시
받는 존재였을 뿐 아니라 부도덕하고 불법적인 관행을 일삼
는 사람들로 간주되었다는 사실을 이해하려면 상상력을 발
휘하는 노력이 필요하다. 공정가격과 공정임금의 전통은 흔
히 짐작하는 것보다 훨씬 더 오랫동안 '하층 계급들' 사이에
살아 있었다. 그들은 자유방임을 자유가 아니라 '더러운 협잡

행위'로 간주했다. 그들은 한 사람 혹은 소수 몇 사람이 자기 동료들에게 명백히 해가 될 일을 할 수 있게 하는 그런 자연법칙을 전혀 이해할 수 없었다."[2]

그렇게 '서로에게 해가 될 일을 하는 사람들을 도저히 이해하지 못하던 사람들'이 사라지지 않고 떠나간 것이라면 그들은 어딘가에 흩어져 존재하고 있었을 것이다. 그리고 지금까지도 그들은 어디엔가 있을 것이다. 우리는 그것을 러스킨의 사상에서, 뉘른베르크의 마이스터징어에서, 독일의 바우하우스에서, 프랑스의 꼼빠뇽에서, 교토의 모노즈쿠리에서, 헉슬리의 '야만사회'에서 찾을 것이다. 그들은 작지만 오랫동안 장인들을 찬탄해왔다. 그런데 이제 점점 많은 사람들이 그들을 다시 생각하기 시작했다. 때로는 숨은 챔피언 (hidden champion)으로 부르기도 한다. 우리는 그렇게 그들을 다시 부르고 있다.

근대의 기계는 작은 의도에 거대한 결과를 낳을 수 있게 했다. 세상은 기계 덕분에 단단해졌지만 그만큼 쉽게 모든 것을 한꺼번에 부숴버릴 수 있게 되었다. 위험의 시대에 해방의 가능성은 점점 줄어들게 되고 그만큼 파국에 이르러야만

해방을 기대할 수 있는 시대로 접어들었다. 그런 파국에의 염려가 다시 장인들의 진심 어린 손기술을 불러내고 있다. 그런 소박한 염려는 행복한 결말로 이어질 수 있을까.

—

II. 과거

—

미친 듯이 돈벌이에만 매달리는 경제인의 태도는

삶 자체로부터 도피한 더 끔찍한 재앙이 아닌가.

협소한 측면에서만 산업계 거물들은 피폐화된 노동자들보다

형편이 나았을 뿐이다. 다시 말해 교도소장이나 죄수는

둘 다 같은 공포의 집에 수감돼 있었던 것이다.

– 루이스 멈포드, 기술과 문명

3. 러스킨의 고딕 장인

영국은 산업혁명과 러다이트라는 자본주의 근대화의 상징적 국가이기도 하지만, 내셔널트러스트 운동이라는 자연풍광과 문화유산을 보존하는 전원주의의 상징적 국가이기도 하다. 영국의 근대는 이러한 두 개의 역사적 노정으로 봐야 한다. 그것은 계몽과 낭만의 상극적 공존이라는 근대의 양면이다. 산업화가 깊어질수록 그 폐해도 넓어지며 반발과 극복의 방식도 그만큼 달라질 것이다. 산업화에의 반발이 러다이트 운동이었다면 그 각성을 통한 극복태가 내셔널트러스트 운동이라 할 수 있을 것이다. 현대인들에게 '영국'이라고 할 때 떠올리는 '영국적 이미지'는 산업화보다는 오히려 자연적 풍광에 더 쏠려 있는데(정희라, 2011; 이윤아, 2006), 그것은 영국의 근대 역사가 산업만큼이나 낭만에도 비중이 실려졌음을 방증하는 것이다. 20세기에 들어서서 1, 2차 세계대전을 지나면서 산업화의 상징국가는 영국에서 미국으로 이전되었지만 내셔널트러스트 운동은 영국으로 대표되고 있다. 2016년 현재 영국의 내셔널트러스트 가입자는 370만 명으로 세계 최초이자 세계 최대의 기구이다. 내셔널트러스트 운동의 상징적 사상가가 바로 존 러스킨이다.

부와 권력, 그 불가분의 관계

러스킨은 19세기 영국 빅토리아시대를 살았던 사상가로서, 윌리엄 모리스, 마하트마 간디 등 후대의 많은 사상가들에게 영향을 미쳤다. 러스킨은 유럽의 사회개혁 사상, 인도주의 사상에서 가장 영향력 있는 학자 중 한 사람으로 꼽힌다. 그의 사상은 '삶이 없다면 부도 소용없는 것이다(THERE IS NO WEALTH BUT LIFE)' 라는 것으로 요약된다. 그는 부에 도덕을 결합시킨 사람으로서, 정직과 신뢰가 시장에 앞서 존재해야 한다고 보았다. 러스킨은 애덤 스미스의 보이지 않는 손에,

이기심이 경제에 기여한다는 주장을 정면으로 반박한다. 러스킨은 부란 늘 사악해지기 쉬운 존재여서 부에 윤리를 결합시키는 '정직한 부'의 개념을 만들었다. 러스킨에게 부란 애초부터 불평등과 떼어낼 수 없었다. "내가 가진 1기니는 다른 사람이 1기니를 가지고 있지 않은 것에서 오기 때문이다", 사실 모든 사람들이 자급자족하는 상황에 있다면 아무도 지주의 하인이 되려고 하지 않을 것이고, 그렇게 된다면 지주의 황금이나 곡식은 의미가 없게 된다.

"혼자 다 먹지 못한 곡식은 관리할 사람이 없어 썩어갈 것이며 황금은 누런색 돌멩이와 그 가치 면에서 다를 것이 없을 것이다. 스스로 혼자서 대저택에 살며 드넓은 땅을 경작하며 고단한 노동을 하겠지만 결국엔 집수리와 밭 경작도 모두 두 손 놓기에 이르게 될 것이다. 야생 동물들이 으르렁거리며 활보하고 폐허가 된 대저택만이 스산하게 서 있을 것이다. 황무지 한가운데 촌부에게 어울릴 법한 오두막집 한 채와 딸린 텃밭에 만족하며 어느 날 이 모든 광경을 바라보며 '그래도 내 소유...'라고 읊조리며 자조의 쓴웃음을 짓게 될 것이다."[3]

러스킨의 지주관은 비록 낭만적이지만 인간의 활동을 금전적으로 평가하는 모든 행위들을 잘 풍자했다. 그는 금전 중심의 행위를 인간의 생명이나 자연미, 문화재의 파괴를 가져와 인간의 품위를 빼앗는 원인으로 지목한다. 그의 경제학은 금전의 가치에서 인간 생명을 최고로 생각하는 가치로 이전할 것을 촉구하고 있다. 산업혁명의 경제발전이 성숙기에 접어들고 그 힘으로 대영제국이 절정기에 달하고 있던 시기에 러스킨은 산업혁명의 폭력적 본성을 파악하고 새로운 부, 새로운 경제학으로 전환할 것을 주창하였다.

러스킨은 사람들의 개인 역량이 최대화되고 동시에 임금이 공평하게 분배된 보상에서만 그 나라의 부는 가장 극대화된다고 주장했다. 부가 정직한 부일 때만 한 국가의 부가 커진다는 것이다. 그러면서 러스킨은 진정한 부란 행복하게 일하는 일꾼으로부터 유래한다고 하였다. 그는 일에서 열정이 중요하다는 것을 새삼 강조하였는데, 이는 그 당시 임금을 중심으로 일의 가치를 매기는 기계제 대공업에 대한 러스킨의 저항이었다. 그는 일의 가치란 열정에서 나오며 열정만이 일하는 사람의 중요한 정신적 자질이라고 보았다. 이 자질은 저차원적으로는 일정하고 섬세하게 손놀림을 유지할 수 있게 해주거나 다른 사람보다 두 배나 긴 시간 동안 지치지 않고 높은 능률로 일할 수 있게 해주는 인내심과 평정심에서부터, 고차원적으로는 학문적 연구를 가능케 하고 모든 예술적 가치들을 잉태 출산하는—단 하나의 위대한 모태가 되는—초월적인 감성과 상상력까지를 포함한다.

그러나 전통 경제학은 이러한 영역을 무시하고 간과했다. 정신적 자질은 고사하고 감정적인 요소는 아예 배제한다. 감정적 요소는 분명히 경제 공식의 계산에서 빠뜨릴 수 없는 함숫값인데, 경제학자들이 이를 간과하는 것은 참으로 기이한 현상이라고 러스킨은 비판한다. 물론 그것은 시간에 따라 생산성을 계산하는, 즉 화폐적 계산에서 유래한 이유 때문일 것이다. 그러나 그것을 인정한다고 하더라도 감정은 여전히 영향력을 발휘한다. 러스킨은 존 스튜어트 밀을 비판하며 다음과 같이 주장한다.

"물량적 생산의 관점에서만 보더라도 인간의 정신적 사고의 중요성은 이루 다 말할 수 없다."라고 말하면서, 이어 "경제 활동에 있어 인간의 감정이 중요하다는 말을 목구멍까지 해놓고는 정작 '사고' 뒤에 '감정'이라는 단어를 이어서 내뱉지 않았다는 사실이 나로서는 이해하기가 어렵다. 그는 노동에 대한 자신의 첫 번째 정의에서 '어떤 작업을 할 때 누군가의 아이디어에 대해 호응하지 않을 때 일어나는 불쾌한 감정'이 라는 문구를 넣었다. 그런데 '호응할 때 일어나는 유쾌한 감 정'은 넣지 않았다. 이는 일의 능률을 떨어뜨리는 부정적인 감정 상태가 반대로 일의 능률을 촉진시키는 긍정적인 상태 보다 노동의 본질에 가깝다는 뜻이란 말인가. 전자에 대한 보수는 고통이지만 후자에 대한 보수는 활력이 아닌가. 전자 의 상태에서 노동자는 보수 받는 것만을 목표로 삼지만, 후 자의 상태에서는 생산품의 교환가치를 높이는 동시에 생산 량도 증가시키지 않는가."

일과 불쾌한 감정이 연결되면 임금은 불쾌한 일에 대한 대가 가 되고 그렇게 되면 일에서 불쾌함을 느끼는 것은 정당성 을 획득하게 된다. 러스킨이 스튜어트 밀의 일에 대한 접근 이 협소한 이유가 비판받아 마땅하다고 본 이유는 바로 거 기에 있다. 임금이 자본가에 의해 지불되면 자본가는 노동자 의 고통을 구매할 수 있다는 관념이 심어지고, 이러한 관념이 심어지게 되면 노동자는 임금을 받기 때문에 온갖 고통을 감내해야 한다는 전제가 성립하게 된다. 이러한 '임금과 불쾌의 결합'은 그 당시 성숙기에 들어선 자본주의와 높은 정합성을 띄었다. 빅토리아 시대 해외시장이 대폭 확대되면서 높은 생산성에 대한 요구가 급증하였고 더욱 강력한 노동생산성을 위한 자기희생도 정당화되었다. 그러나 러스킨은 부와 임금에 대한 비판적 접근으로 임금노동의 감정적 층위를 부각시키며 기존 자본주의의 임금노동체제에 의문을 던졌다. 노동에서도 인간의 감정이 가장 중요하며 그 감정을 존중할 때, 즉 일하는 사람의 유쾌한 감정을 살릴 수 있고 그래야 생산성을 높일 수 있다는 논리였다.

이러한 주장은 경제적 힘이 임금노동자를 전일적으로 지배하여 일상적 권력화의 길로 확대되는 것을 차단하는 계기를 마련하였고 나아가 노동과 예술, 노동과 기쁨을 연결시키는 단초를 마련하게 된다. 추후 러스킨의 생산과 소비에의 감정적, 예술적 층위의 접근은 포디즘 시대의 자본 시스템에 대항하며 미술공예운동과 바우하우스 디자인으로, 그리고 장기적으로는 포스트포디즘의 발현점으로 기록되었다. 그러나 그 당시 러스킨의 주장은 다르게 받아들여졌다. 그는 미치고 무식한 사람crazy and ignorant man, 과학적 사실과 진리에

무지한 애송이a baby who has run foul of a scientific truth로 자주 비난받았다. 이성이 지배하는 시대에 감성의 강조는 학자에게는 용기 있는 주장이기보다 '감성' 팔이 정도로 간주되고 말았다.

경제는 사회적 관계 속에 묻혀있다. 재화 소유를 원하는 것이 인간의 본성이기도 하지만 그 발현 방식은 사회적 관계에 의해 규정된다. 물질적 재화를 소유하려는 욕구는 특정 사회가 물질적 재화를 통해 사람을 인정하는 체제가 존재하기 때문이다. 애덤 스미스는 〈도덕감정론〉에서 높은 지위를 바라는 마음, 다른 사람의 주목과 관심, 맞장구치면서 대단하다는 등의 반응을 받고 싶은 것이 인간이라고 했다. 주목을 받지 못하는 것은 인간 본성의 가장 열렬한 욕구를 충족할 수 없다는 것이다. 인간이 물질적 재화를 소유하거나 개인적 이익을 수호하는 행동은 결국 그 근저에는 주변으로부터의 환호와 인정 또는 자신에게로 침잠해 들어가는 안위와 체념, 즉 비물질적인 욕망을 기질적으로 배태하고 있다. 폴라니도 지적했듯이, 인간은 자신의 사회적 입장, 사회적 요구, 사회적 자산을 보호하기 위해 행동하며 경제 시스템은 이러한 비경제적 동기 위에서 작동한다(Polanyi, 1964: 46). 러스킨도 여기에 동조하며 인간이란 오로지 이득 동기와 경제적 합리성의 원리에 의해서만 행동하지 않으며, 사회적 관계 속에서 이뤄지는 다양한 동기와 자기 성취라는 가치 위에서 생각하고 행동한다는 것을 간파하고 있었다.

실제로 인간은 온전히 이기적이지 않다. 인간은 물질적인 것 이외에도 여러 다른 동기를 가지고 생활한다. 인간은 혼합적 동기(mixed motives)를 갖고 있으며, 자신과 타인에 대한 의무도 배제하지 않는다. 때로는 혼자서 비밀리에 노동하는 즐거움도 갖는다(Polanyi, 1947: 47; 원용찬, 2005). 이는 괴테의 빌헬름 마이스터 같은 적극적 체념형 인간이 현실에서도 존재할 수 있다는 뜻이다. 빌헬름 마이스터는 봉사하는 삶을 위해 전통만을 소중히 여기는 자기 고장 유럽에 머무르기보다는 무명의 외과 의사가 되어 신대륙으로 건너갈 것을 결심한다. 적극적 체념이란 자신의 명성과 아집을 버리고 묵묵히 봉사하는 개척자 정신과 맞닿는다. 인간은 이득 본능을 넘어서 다양하고 혼합적인 동기를 갖고 삶을 영위한다. 노동자 역시 임금 수취자로서만 노동하는 것이 아니라 일하는 즐거움도 추구하는, 작업과 행위를 일 속에서 함께 수행하는 총체적 존재이다.

부와 노동의 단절, 예술과 노동의 결합

부란 무엇인가. 한국의 가습기 살균제 사례는 부의 정의를 되묻는다. 옥시는 2001년 옥시 가습기 살균제를 내놓고 선풍적인 인기를 끌었다. 그리고 그 폐해는 15년이 지난 뒤 2016년에 제대로 밝혀지기 시작했다. 지속적으로 썼던 수백 명, 밝혀지지 않은 수천 명의 생명이 덧없이 사라졌다. 이것은 마치 체르노빌에서 생산된 토마토를 아무도 모르게 야밤에 팔러 오는 사람들과 같다. 누군가의 건강과 생명, 아름다움을 앗아가더라도 그것이 나의 이익을 실현한다면 그리고 정당화하고 변명할 거리가 존재한다면 부는 건강과 아름다움 그리고 생명을 압도한다. 정당화와 변명은 어떤 원인이 있고 그 결과 사이에 긴 시간이 존재한다면 정당화하고 변명할 시간과 거리도 많아지는 것이다. 세계적으로는 에너지와 환경문제가, 가정적으로는 일상적으로 쓰는 생활언어가 그렇다. 당장은 내게 편하고 별문제 없지만 그것은 실타래와 같아 나중에 가면 심각한 문제가 되어 풀려 해도 잘 풀리질 않는다.

내가 만든 물건, 나의 일의 결과물은 누군가가 쓰는 물건이고 그것은 소비자가 오랜 시간 사용하는 물건이 될 것이다. 그래서 진정한 부를 생산하는 사람이란 소비자의 과거 시간과 미래의 시간을 현재로 가져와 사고하고 행위를 하며 물건을 만들고 생산을 하는 사람들이다. 그 물건을 통해 그 물건을 사용하는 사람들 삶의 필요가 충족되며 동시에 삶을 더욱 아름답고 다채롭게 만들어 갈 수 있어야 진정한 부를 생산하는 자가 되는 것이다. 그리고 당연한 수순으로 진정한 부를 생산하기 위해서는 생산자부터 그러한 환경 속으로 들어가야 한다. 생산자 자신의 삶을 아름답고 다채롭게 만들 수 있어야 하며, 또한 자신의 삶을 아름답고 다채로운 환경에 둘 수 있어야 한다.

러스킨은 물건을 만드는 데 있어서 값비싼 것보다 실질적인 노동을, 화려한 것보다는 세련된 것을 요구했다. 그래서 자고로 상품들이란 귀부인의 눈을 사로잡기보다는 가난한 노동자들의 필요를 만족시키면서 동시에 그들의 취향을 고상하게 만드는 것이어야 한다고 믿었다(정관희, 2001). 아름다운 것들이란 그것을 보유한 사람들에 의해서만 만들어질 수 있다는 '당연한 사실'을 지적한 것이다.

"아름다운 예술은 그들 주변의 아름다운 것들을 보유하고 있는 사람들에 의해서만 만들어질 수 있는 것이다. 만약 당신이 당신의 노동자를 위해 그를 둘러쌀 수 있는 어떤 미적 요소를 제공하지 못한다면 당신은 어떠한 미적 요소도 그들에 의해 만들어질 수 없음을 알게 될 것이다."[4)]

여기서 '노동자들을 둘러싸고 있는 미적 환경'이란 쾌적하고 깨끗한 물리적인 환경일 수도 있고, 좋은 사람들과 좋은 언어들로 둘러싸인 사회적 환경일 수도 있고, 책과 영화 같은 미디어적 환경일 수도 있고, '남부의 아름다움'을 숭상하는 환경일 수도 있다. 러스킨은 사람들에게 데생을 가르쳤는데 그 이유는 그림 그리기를 통해 사물과 풍경을 좀 더 잘 보기 위해서였다. 부유했던 부모를 만난 러스킨도 알프스와 이탈리아 등 남부로 여행을 하며 남부의 아름다운 풍광을 그림으로써 발견했다(알랭 드 보통, 2011).

남부의 아름다움이란 무얼까. 경영사상가 린다 그래튼(Lynda Gratton)은 말한다. "어린 시절 나는 요리책 저자인 엘리자베스 데이비드의 지중해식 요리법 설명에 흠뻑 빠진 적이 있다. 그녀는 재료를 소개할 때 모양과 냄새, 구매한 장소까지 자세히 설명했다. 특히 그녀는 토마토 수프 만드는 법을 설명하는 데 무려 네 쪽이나 할애했다. 첫 쪽에서는 시장을 둘러보고 토마토를 고르는 방법을, 다음 쪽에선 껍질을 까고 알맹이만 빼는 방법을 설명한 후에야 수프에 맞게 재료를 준비하는 방법을 설명했다. 그녀의 요리법을 읽으며 나는 내가 자란 차가운 영국 북부에서 벗어나 프랑스 남부의 향긋한 시장으로 여행했다. 당시 나는 영국 밖으로 나가본 적이 한 번도 없었지만 내 공상은 그러한 한계를 간단히 무너뜨렸다. 하지만 정성과 인간미, 감성적 측면이 가미된 그들의 설명은 10단계 초간단 요리법이 결코 해내지 못한 방법으로 독자들과 연결해준다."

사실 데이비드는 그냥 한 명의 요리사에 불과할 수도 있었지만, 그녀는 자기의 책 덕분에 혼자 힘으로 20세기 영국인의 삶을 가장 크게 바꾼 작가로 평가받고 있다. 데이비드의 아름다운 이야기가 엮인 요리로 그녀를 접한 모든 영국인의 삶도 더욱 아름답게 변하게 된 것이다. 사실 좁은 관점에서 보자면 데이비드의 저술은 피자 반죽이나 오징어 튀김을 어떻게 하는 게 좋은지에 주안점을 두고 있었다. 그러나 그녀의 요리법은 영양적 결핍뿐 아니라 심리적 결핍 때문에 남부의 가치를 망각한 듯 보이는 북부의 독자들을 일깨우기 위해서였다. 괴테도 니체도 예외 없이 남부를 여행하며 남부의 가치를 독일에 심으려 애썼다. 니체는 이탈리아에 체류하던 때를 염두에 두고서 이렇게 썼다.

"이 작은 것들-음식, 장소, 기후, 휴양, 궤변적 이기심-은 지금까지 중요하다고 간주해온 어떤 것보다 더 중요한 모든 개념 너머에 있다."

니체가 추구한 '어린아이 같은 어른의 심성'을 남부에서 발견한 것이다. 괴테에게서도 남부의 가치란 즐겁게 일하며 아름다움을 생산해내는 사람들의 이야기였다. 괴테는 이탈리아 여행에서 말한다.

"이곳 주민들은 대단히 활기차게 움직인다. 특히 상점이나 장인들의 가게가 늘어서 있는 몇 개의 가로에서는 참으로 유쾌한 광경이 눈에 띈다. 가게나 작업장의 전면에는 도대체 문이란 것이 없다. 건물 내부가 완전히 개방되어 있어서 집 안까지 전부 들여다보이며, 안에서 어떤 일을 하고 있는지

한눈에 볼 수 있다. 양복장이는 재봉을 하고, 구두장이는 실을 잡아당기거나 가죽을 두드리고 있는데, 모두들 절반쯤은 길가에 나온 채로 일을 하고 있다. 바꾸어 말하면 작업장이 도로의 일부가 되어 있는 것이다. 저녁때 불이 켜지며 더욱 활기가 넘친다."(괴테, 2004)

러스킨에게 '남부'는 인간의 기술이 인간을 더 풍요롭게 하는 소중한 환경이었다. 물론 그러한 환경은 남부의 거대한 지리적 풍광만은 아니다. 내 집, 내 방의 작은 물레일 수도 있다.

간디는 러스킨에게 직접적으로 감명을 받아 차르카를 노동에서 예술의 경지로 끌어올리려 했다. 간디는 국민 모두에게 집에서 차르카(charka, 구식 물레)를 돌리자고 설득했다. 그러나 이는 많은 비판에 직면한다. 간디에게 물레를 돌리는 일은 자아를 실현하는 길이었지만 타고르는 '간디의 물레'를 비현실적이라고 비판했다. 타르고는 물레를 돌리는 식으로는 사람들이 무언가를 능동적으로 생각하게 만들 수 없다고 생각했다. 사람들은 그저 최소한의 판단과 힘만 가지고 익숙한 기계를 끝도 없이 돌릴 뿐이었다(아마티아 센, 2008).

그러나 러스킨을 통하여 차르카를 해석해보면 간디와 타르고의 논쟁은 좀 더 명확히 드러난다. 러스킨은 어떤 물건이 쓸모가 있는지는 물건 그 자체에 의해 결정되는 것이 아니라 그 물건을 다루는 사람의 역량에 의해 결정된다고 보았다(존 러스킨, 2010: 162). 포도주는 유용하게 사용되면 인간의 흥을 돋워 주지만 오용되면 이성을 마비시킨다. 우리의 몸 자체도 잘 단련되면 전쟁이나 노동에 이용되어 국가에 기여하지만, 오용되면 그저 제 입에 간신히 풀칠하는 데나 사용될 것이다(존 러스킨, 2010: 163). 결국 차르카의 문제는 인간이 열광하는 대상의 문제이다. 간디는 말한다.

"내가 반대하는 것은 기계 자체라기보다 기계에 대한 '열광'이다. 그 열광은 소위 노동절감 기계라고 하는 것에 대한 것이다. 기계는 계속해서 노동을 절감하여 결국 수많은 사람들이 거리로 쫓겨나 굶어 죽게 된다...나는 소수의 사람이 아니라 모든 사람의 손에 부가 축적되기를 바란다. 오늘날 기계는 소수의 사람들이 다수를 착취하는 것을 도와줄 뿐이다. 그 뒤에 숨겨진 추진력은 노동을 줄이려는 박애 정신이 아니라 탐욕이다. 내가 온 힘을 다해 싸우고 있는 것은 바로 그러한 구조이다."

차르카는 힘든 노동을 줄이기 위한 '상징적 행위'이며, 착취와 탐욕에 대한 저항의 상징이었다. 간디는 러스킨을 이어받아 차르카를 통해 생산과 분배가 모두 수요가 있는 곳에서 일어나기를 바랐다. 차르카로 짜진 직물과 옷감에 사람들이 열광하기를 바란 것이다. 기계로 짜진 직물과 의복이 더 싸고 더 멋지더라도 차르카로 짜진 직물과 옷감의 가치를 따라가지 못한다. 왜냐하면 차르카는 우리 동네 김 씨네가 만들었고 나는 그 김 씨네의 솜씨를 잘 알고 있어서 자기네 옷만이 아니라 이웃의 옷도 그 사람 몸에 맞게 잘 만들어내고 있기 때문이다. 기계가 저급이라면 차르카는 고급을 만들어낼 수 있다. 고급은 품질 그 자체보다는 그 제품을 열정과 기술로 만들어내는 노동자들을 고급이라고 간주하는 사람(소비자들)들이 있기 때문이다. 그럴 때 그것에 우리는 '고급'이라는 라벨을 부친다. 러스킨은 말한다.

"노동은 그 안에 내재한 생명의 요소가 많고 적음에 따라 고급과 저급으로 분류된다. 그리고 어떤 종류의 노동이나 양질의 노동에는 육체의 힘을 전적으로 조화롭게 다스리기에 합당한 지성과 감성이 필수적이다. 모든 금과 은이 순도에 따라 등급이 매겨지듯이, 노동의 가치와 가격을 논할 때에도 각 노동마다 매겨진 등급과 품질을 인식할 필요가 있다. 저질의 노동, 즉 열정과 경험이 없고 눈썰미가 없는 노동은 가치가 없다. 그런 노동은 마치 정체불명의 합금이나 기준 강도에 미달한 철과 같다."

결국 고급의 노동은 그 노동에 열정과 경험이 들어간 상태이며, 이는 그 노동에서 행복을 얻게 된 결과이다. 그렇다면 일은 어떻게 해야 행복한 일이 되는가. 러스킨은 3가지의 조건을 들고 있다. 첫째는 그 일을 좋아하고, 둘째는 그 일을 지나치게 해서는 안 되며, 셋째는 그 일이 성공하리라는 생각을 품고 있어야 한다는 것이다. 결국 열정과 절제 그리고 자존이 고급의 노동과 상품을 만들어낸다. 그럴 때 기계도 다시 자기 자리를 얻게 된다. 기계는 분업에 의해 인간을 지배하는 수단이 아닌 고급의 노동과 상품을 만들어내는 수단으로, 즉 인간에게 복속된 도구로서 역할을 수행할 때 가장 적절한 역할을 해내는 것이다.

❉

애덤 스미스가 분업에 기초한 못의 생산성을 말한다면 러스킨은 생명에 기초한 못의 생산성을 말한다. "최근 우리는 분업을 많이 실행해 왔다. 우리는 그 이름을 잘못 붙였다. 진실을 말하자면 분화된 것은 노동이 아니라 사람들이다. 사람들이 파편으로 나뉘어서 삶의 단편과 부스러기 속으로 부수어져 들어간다. 그래서 한 사람에게 남겨져 있는 지성의 조각을 모두 모아도 못 하나도 만들지 못한다. 다만 핀의 끝이나 못대가리를 만드는 데에 그 지성을 다 써버린다(존 러스킨, 2006; 김은경 1998: 106)." 러스킨은 생명을 생산보다 더 우위에 둠으로써 "꼭 필요한 물품이 아니라면 그 어떤 품목이든 결코 대량생산을 조장하지 말라"고 요구했다. 그래서 러스킨은 디자인의 선조이기도 하다. 무언가를 만드는 종합적 사고로서의 디자인은 게으른 공상의 소산이 아니다. 그것은 집적된 관찰과 유쾌한 습관의 결과이다(김은경, 1998: 107). 러스킨은 분화된 생산 시대에 통합된 생산을 고민했다. 근대의 한계를 극복하며 근대를 열었던 것이다.

향유 능력으로서의 소비론

러스킨은 새로운 부와 새로운 경제학을 말하면서 생산만큼이나 재화를 소비하고 향유하는 능력을 중시하였다. 인간의 긍정적 감정과 품위는 생산과 소비 모두에서 발현되어야 했기 때문이며 특히 소비 영역은 노동자의 자율적 선택이 가능했기에 그 가능성이 더 높았다. 이런 점에서 러스킨은 경제에서 소비를 중심 영역에 부각시킨 최초의 경제사상가라고 할 수 있다. 대공황 이전까지 공급 주도의 경제학인 세이의 법칙이 지배했고 케인스가 유효수요론으로 경제학의 패러다임을 바꿀 때까지 경제학은 곧 생산의 학문, 공급의 학문이었다. 케인스의 유효수요론도 사실 그 근원에는 소위 '비효율적인 노동'이 자리하고 있다. 수요창출을 위해 임금이나 재정보조가 필요하며, 그 때문에 노동은 노동 그 자체에서 시간당 가치로 정확히 임금이 지불되는 방식을 넘어서게 된다. 노동의 대가로서의 임금이 아닌, 생활수단이자 구매력으로서의 임금이라는 개념은 케인스에 와서야 경제학의 영역에 진입한다. 불황을 겪고 체제의 위기를 겪다 보니 그제야 임금과 소비가 결합되어 있음이 눈에 띈 것이다. 그런데 실상 이러한 소비 패러다임의 등장은 케인스보다 한참 전의 러스킨에게서, 데생의 기술로 평범한 일상의 생산과 소비에서 누구보다도 더 많은 것을 포착해 낼 수 있는 러스킨에게서 그 기원을 찾을 수 있다.

"한 국가의 번영은 생활 수단을 획득하고 활용하는 과정에서 국민이 투입하는 노동의 양에 정확히 비례한다. '획득하고 활용하는 과정'이란 표현에 주목해 주기를 바란다. 이 과정에는 현명한 생산뿐 아니라 현명한 분배와 소비도 포함되어 있다. 경제학자들은 대개 순수한 소비활동에는 어떤 유익도 없는 것처럼 주장한다. 이는 잘못된 주장으로 오히려 순수한 소비는 모든 생산의 목적이고 꽃이자 완성이다. 게다가 현명한 소비는 사실 현명한 생산보다 훨씬 고난도의 기술이다. 돈을 제대로 벌 수 있는 사람이 스무 명이라면 돈을 제대로 쓸 수 있는 사람은 한 명꼴이다. 그렇기에 국민 개개인이나 국가에 물어야 할 핵심 질문은 결코 '돈을 얼마나 많이 버는가?'가 아니라 '그 돈을 무엇을 위해 쓰는가?'인 것이다."

러스킨은 현명한 소비를 주창하며 생산에 의해 주어진 대로 소비하는 수동적인 멍청이(dupe)를 벗어나야 한다고 주장했다. 그것은 공리주의에 대한 러스킨의 반감에서 잘 드러난다. 생산이 유발한 편익을 그대로 공여받는 소비자가 아닌, 생산이 유발한 편익이 보편적일지라도 한 개인의 생명에 비춰보자면 보잘것없을 수 있다는 것이다. 이는 러스킨이 의지하는 디킨스의 소설에서 명확하게 잘 드러난다. 러스킨처럼 공리주의에 대한 적대감을 갖고 있던 디킨스는 〈어려운 시절 제2권 수확〉 편에서 다음과 같이 말한다.

"얼마만큼 일하고 얼마만큼 보수를 받으면 거기서 끝인 존재, 수요공급의 법칙에 의해 틀림없이 결정되는 존재, 이 법칙에 걸려서 머뭇거리다가 곤란에 빠지는 존재, 밀이 비쌀 때는 약간 쪼들리다가 밀이 쌀 때는 과식하는 존재, 일정 비율로 숫자가 늘어나면 또한 일정 비율로 범죄를 낳고 또다시 일정 비율로 빈곤을 낳는 존재, 도매로 취급되며 그로부터 막대한 재산을 벌 수 있는 존재, 때때로 바다같이 일어났다가 (주로 자신에게)해악과 손해를 입히고는 다시 가라앉는 존재, 루이자(그래드그라인드의 딸)는 코크타운의 일손들이 바로 이런 존재라고 알고 있었다. 그러나 바다를 각각의 물방울로 나눌 생각은 하지 않았던 것과 마찬가지로 그들을 각각의 존재, 단위로 나누어볼 생각은 하지 않았던 것이다."(디킨스, 2009: 258)

물론 러스킨도 개인과 국가에 공히 재정지출에 대한 중요성을 강조하였지만 개인의 의식변화에 더 많은 -그가 기독교적인 잠언을 윤리적 기초로 삼으며 교육을 강조한 것에서 잘 나타나듯이-기대를 걸었다. 케인스의 유효수요론이 국가의 변화와 현명함에 기대었다면, 러스킨의 소비론은 개인의 변화와 현명함에 기댄 것이라 볼 수 있다. 케인스에겐 임금을 통한 유효수요가 중요했다면, 러스킨에겐 소양을 통한 취미 수요가 중요했다. 이러한 러스킨의 사상은 윌리엄 모리스와 미술공예운동 그리고 디자인 민주주의 운동, 내셔널트러스트 운동 등으로 확장되어 갔으며 그것은 기존 자본주의 경제의 본류로부터는 벗어나는 예술운동, 사회운동의 방향이었다.

그러나 20세기에 들어서도 러스킨은 경제학에서 여전히 논외의 인물이었다. 오히려 러스킨의 경제학적 측면이 부각된 것은 그의 소비주의적 주장이 케인스주의의 국가재정에 의한 유효수요창출을 시작으로, 그리고 케인스주의의 유효수요 확대가 스태그플레이션이라는 한계에 부딪히면서 더 주목을 받게 되었다고 해야 할 것이다. 케인스의 유효수요창출정책은 루스벨트의 뉴딜정책으로 현실화하는데, 이는 국가의 일반구호(general relief)를 통해 실업자 빈곤층에게 최저생활비를 지급하며 국가 수요를 창출하는 개념이었지만, 루스벨트는 케인스적 경제중심, 임금중심 사고에 머물지 않고 점차 다양한 문화예술사업으로까지 자신의 정책을 확장하였다. 루스벨트의 재정정책이 댐을 건설하는 하드웨어만이 아니라 공공예술정책에도 광범위하게 이루어지면서, 정부의 개입은 '유용하지 않다고' 인식되어 왔던 예술가들에게 직접적인 지원이 가능해졌고 이것이 예술의 소비를 촉발시켰다. 뿐만 아니라 예술가들의 노동과 그것에 부여된 노동가치(임금)가 사회에 유효하다는 것을 대중들에게 인식시키는 계기가 되기 시작했다. 특히 루스벨트의 후기뉴딜정책 시기(1935-1941)에는 예술인 등에게 일자리를 제공하면서 인간역량의 축적이란 개념도 적극적으로 도입되기 시작했다.

소비를 경제발전의 중심에 놓는 러스킨의 사상은 기실 루스벨트에 의해 실현되었다고 볼 수 있다. 그러나 루스벨트의 정책

목적이 대공황 탈출과 자본주의의 안정화에 있었다면 러스킨의 목적은 인간 개인의 '고귀한 행복'이 다수에게로 퍼져가는 것에 있었다. 그래서 러스킨의 이론은 민족해방론의 간디로 이어졌고 현대에는 아마티아 센의 인적자원론으로 연결된다고 보는 것이 타당할 것이다.

그렇다면 현명한 소비란 구체적으로 무엇인가. 러스킨은 자유교환(free exchange)의 원칙을 단호히 거부했다. 러스킨에게 중요한 것은 누리고 보상받을만한 자격(desert)이다. 왜냐하면 러스킨에게는 인간 개개인의 생명과 행복이 가장 중요하고 그것이 발현될만한 조건을 갖춘 사회가 좋은 사회이기 때문이다.

"그림 한 점의 가격은 그 자체의 가치보다는 그림을 볼 줄 아는 대중의 심미안에 달려 있다. 노래 한 곡의 가격은 노래를 부르는 가수가 흘린 땀보다는 그 노래를 듣고 싶어 하는 사람들의 머릿수에 달려 있다. 황금의 가격은 세륨과 이리듐 못지않게 가지고 있는 희소성보다는 인간의 감탄을 끌어내고 인류의 기대에 부응하는 불변하는 순수성으로 태양광같이 뿜어내는 그 광채에 달려있다."

그래서 러스킨에게 최악의 소비는 소비자의 취향과 개성이 말살된 대량소비이다. 멈포드의 〈기술과 문명〉에 의하면, 최초의 절대적이고 표준화된 상품의 대량소비는 군복에서 발생했다. 루이 14세는 10만 명의 상비군을 유지하기 위해 그들에게 군복을 착용시켜야만 했다. 군복에서 개인의 취향, 판단, 필요는 고려대상이 아니다. 순수한 소비집단인 군대는 17세기부터 이상적 소비패턴의 상징이었으며, 직물산업은 완벽한 기계화의 조건에 부합했다. 그러나 러스킨이 지적했듯이, 군대는 부가 아닌 온갖 악덕을 양산했다. 비참함, 불구, 물리적 파괴, 공포, 기아, 죽음은 전쟁의 부산물이었다(루이스 멈포드, 2013: 146).

물론 러스킨은 교육, 피난처, 음식, 의복, 건강 등과 같은 기본욕구충족이 모든 사람에게 공히 필요하다고 보았으며, 그것 없이는 사람들의 능력과 수월성을 발휘하기 어렵다고 전제했다. 그러나 생명을 가진 사람이란 자신의 기본욕구에 머물러서는 안 된다. 사람들은 개개인으로서 얻으려고 하는 최고의 성취까지 달성할 수 있어야 하고 그렇게 될 때 그가 속한 공동체도 풍요로워질 수 있다. 그래서 러스킨에게는 특수성(particularity)의 개념이 아주 중요하다. 개인들은 제각각 서로 다른 장애에 부딪히며 특정한 도움을 필요로 하는데, 이러한 특수한 사정들을 반영하기 위해 협력적 결사체(cooperative association)와 가족적 통치(paternal governance)가 필요하다는 것이 러스킨의 주장이다. 다분히 전원적이고 낭만적이지만 그의 논의에서 주목할 부분은 개인에게 특수한 역량과 수월성을 발휘하기 위해서 공동체는 그 개인의 특수성을 충분히 반영할 수 있는 통치제도를 갖추어야 한다는 것이다. 그것이 러스킨이 말하는, '평등한 부조(equal aid)'와는 다른 '응분의 부조(due aid)'이다. 이는 정치철학자 마이클 왈쩌의 논의와 정확히 일치한다. 왈쩌는 예술이란 자격의 원칙(principle of desert)에 적합한 영역이다. 왈쩌는 예술적으로 교양 있는 사람, 즉 그림을 가질만한 자격이 있는 사람만이 그것을 소유해야 한다고 주장한다(Craig, 2006: 231).

그러나 왈쩌의 '응분의 자격'론에 따르면 정부는 예술작품을 사서 '예술적으로 지식을 갖춘 남녀(artistically cultivated men and women)'들만이 볼 수 있도록 공유해야 한다. 반면 러스킨은 정부가 작품을 사서 모든 사람이 볼 수 있도록 공공박물관에 두어야 한다고 주장한다. 왜냐하면 예술은 모든 사람들의 발달에 중요함으로 예술적 심미안이 보편적인 복지

(general welfare)의 핵심 요소가 되어야 하기 때문이다(Craig,
2006: 231). 러스킨은 예술을 자격이 아닌 욕구(need)의 영역
으로 본다. 욕구는 물, 공기, 음식, 의복, 피난처로서 기본적
자원이지만 해당 공동체에서 서로 합의된 것도 욕구로 생성
된다. 애덤 스미스의 린넨 셔츠처럼 격식과 품격, 심미안 등
이 그 해당 공동체에서 하나의 필요물품으로 떠오르게 될
때 그것은 욕구가 되고 인정된 자격(acknowledged desert)이
되는 것이다. 그렇게 될 때 특정 상품은 특정 소비자를 만
날 가능성이 높아지고 그에 따라 상품의 잠재적 가치(intrinsic
value)는 유용한 가치(value-in-use)로 전환되기 용이하다(Craig,
2006: 286). 모든 개개인의 욕망 충족이 고양될 때 자연히 국
가 전체의 부도 극대화된다. 이것이 러스킨이 추구하는 진
정한 부의 상태이다. 러스킨은 예술의 엘리트화를 비판하며
'예술의 민주화'를 옹호한 것이다.

근대예술이 손노동과 분리되기 시작한 것은 1747년 프랑스
의 샤를르 봐뙤(Ch. Batteaux)가 '보 쟈르(Beaux-arts)' 이론을 제
시함으로써 시작된다. 20세기 폴란드 미학자 타타르키비츠(W.
Tatarkiewicz)는 봐뙤의 이론이 발표된 1750년경을 근대적 의미의

예술 개념이 형성된 시기로 설정한다. 보 쟈르 개념은 유용성이 배제된 오로지 미(美)만을 목적으로 하는 예술을 묶어서 칭하는 개념으로 '미적 기술' 이란 의미이다. 이것도 처음에는 회화, 조각, 건축, 음악, 시, 무용, 변론술 등을 포함했지만, 점차 회화, 조각만을 칭하는 좁은 의미로 굳어지게 되었다(김은경, 1998). 근대에 들어오면서 예술이 부르주아의 대중적 예술산업과 차이를 두면서 새로운 경계를 만들었고 순수예술이 예술가집단의 문화자본과 결합하면서 예술에서 순수예술을 분리하는 사조가 지배한다. 예술가의 특권화, 차별화의 사조는 서로 '선택적 친화성' 을 띠면서 미와 예술의 개념을 협소화시켰다. 미와 예술의 개념이 협소화되면서 일상적인 삶에서의 사고와 감정, 가치와는 멀어지게 되고 미술관과 박물관이라는 특별한 공간에서만 즐기는, '향유의 엘리트화' 가 확대되었다.

그러나 러스킨은 이러한 사조에 반대한다. 그는 예술의 유용성을 고급화로 단순화시키지 않고 사물의 본질에 충실한, 즉 신성하고 아름다운 감흥을 자아내는 역할을 실현한다면 그것이 사물이 유용한 측면임을 강조한다. 소위 '고급문화' 인 예술은 대중들도 향유할 수 있어야 하며, 이를 위한 역량의 개발을 주장했다. 러스킨 스스로가 그 당시 주목받지 못했던 장르인 풍경화의 화가 터너를 일반인들의 자연과 풍경에 대한 안목을 격상시켰다고 칭찬한 것이 대표적인 사례라 할 것이다.[5] '생산자 터너'는 '안목 있는 소비자' 러스킨을 만남으로써 그림을 생산하는 화가로서의 특권을 얻은 것이다. 러스킨은 들판의 모든 풀잎과 꽃은 개별적이고, 두드러지며, 완벽한 아름다움을 가지고 있다고 생각하였다. 그것들은 그들 나름의 개별적으로 살아가는 방식과 표현과 기능을 가진다. 러스킨에게 최고의 예술이란 "각각의 개별적인 특성을 파악하고, 그것에 적절한 위치를 부여하고, 그것에 의해, 그림이 전달하기 위해 의도하는 위대한 가치를 향상시키고 강화시켜주는 것"이다(박우룡, 2009).

불평등과 상호인정

인간은 힘든 노동을 회피한다. 동시에 인간은 타인을 지배하고 싶어 한다. 상위 계급을 차지하려 목숨을 걸고 투쟁을 하는 이유 중의 많은 부분이 '적은 노동'과 '많은 지배'를 위해서이다. 그래서 러스킨에게 부(wealth)라는 것은 마치 전기와 그 성질이 유사해서 오직 불평등과 격차에 의해서만 발생한다. "내 주머니 속에 들어 있는 1기니의 가치는 옆 사람의 주머니가 비어 있을 때 비로소 그 위력을 발휘한다. 만약 옆 사람이 그 화폐를 필요로 하지 않는다면 1기니는 그에 대해 아무런 위력을 행사하지 못한다. 따라서 내 소유의 1기니가 행사하는 위력은 그것에 대한 타인의 절박한 필요성에 정확히 비례하여 결정된다."(존 러스킨, 2010: 68)

그러나 러스킨은 이러한 인간의 폭력성과 그것을 떠받치는 화폐의 가치에만 함몰되지 않는다. 사실 이기성은 긍정적 측면과 부정적 측면 모두를 초래한다. 물론 이기성이 '공평한 관찰자(impartial observer)'의 도움을 받는다면 타인에게 장기적으로 도움을 주게 됨으로 부정적인 측면도 긍정적인 것으로 전환될 수 있다. 그러나 러스킨은 이 대목에서 문제를 제기한다. 타인에게 도움 주는 것을 굳이 이기성으로 설명할 필요는 없다는 것이다. 러스킨은 '합리적 경제인' 개념을 전제하는 경제학자를 '뼈 없는 인간' 가설에 의존하는 어리석은 체조학자에 비유한다(존 러스킨, 2010: 53). 러스킨에게는 '합리적 이기성'만이 아닌 아름다움을 보는 능력 또한 중요한 기질이다. 아름다운 것을 볼 때, 그때 인간은 자신의 이기성을 느끼지 않는다. 물론 아름다운 꽃을 보면서 내 것으로 만들기 위해 꺾는 사람도 있다. 아름다움에 이기심을 덧씌우는 사람들이다. 그러나 아름다운 것을 보면서 자신의 이기심을 잊고 아름다움 그 자체를 즐기는 사람도 많다. 러스킨은 전자의 사람과 후자의 사람은 인간의 내면에 깃든 양면적 기질을 어떻게 발현시키느냐, 즉 어떻게 그 사람이 사회적으로 훈육되느냐, 어떤 환경에서 자라나느냐에 따라 내면의 기질이 달리 드러난다고 보았다.

"돈의 주된 가치와 효력은 타인에 대한 지배력에 근본 바탕을 두고 있다. 이 지배력을 행사할 수 없다면 막대한 물적 자산도 소용이 없고, 이미 이 힘을 소유하고 있다면 물적 자산을 소유하는 것은 비교적 선택적인 조건이다. 그러나 타인에 대한 지배력은 돈이 아닌 다른 수단으로도 얻을 수 있는 것이기에, 돈의 지배력은 불완전하고 불확실하다. 이 세상에는 돈으로 얻을 수 없는 것과 돈으로 붙들어 둘 수 없는 것들도 많다. 황금으로 살 수 없는 기쁨도 많고 황금으로 다 보상할 수 없는 인간의 마음에 자리한 고귀한 가치들도 많다."

인간은 황금을 좋아한다. 아무도 황금에 관심을 갖지 않는다면 황금을 좋아하는 사람은 없을 것이다. 내가 가진 황금 때문에 타인이 나를 좋아하고 나의 말을 따르고 나를 칭송하기 때문에 황금을 좋아하고 갖고 싶어 하는 것이다. 황금이 있다면 기쁨을 살 수 있다. 그런데 황금으로 살 수 없는 기쁨도 있다면 어떨까. 마찬가지로 그런 기쁨을 얻도록 만들어주는 타인과 환경을 인간은 좋아하고 칭송할 수밖에 없다. 그래서 사실 돈이 최강이긴 하지만 완벽하지는 않다. 고귀한 가치는 황금에서도 나오지만, 무엇보다도 인간의 마음과 생명에서 나오기 때문이다. 돈이 점점 세상을 점령하지만 그래도 여전히 돈으로 살 수 없는 것들이 많이 남아있다.

러스킨은 이를 하인의 비유에서 극단적으로 드러낸다. "근래 영국에서는 집안 하인들을 다스리는 신사(gentry)들의 권세가 예전만 못한 듯싶다. 임금이 제때 지급되지 않기라도 하면 성난 하인들이 당장이라도 이층 주인의 안방으로 뛰어들어올 것 같은 사회 분위기가 팽배하다. 어떤 신사의 응접실에서 이런 일들이 하루가 멀게 일어난다면 그의 재력이 쇠퇴기로에 있음을 누구나 감지할 수 있다"(존 러스킨, 2010: 92)고 하며 돈의 불완전함과 허망함을 말한다. 그러면서 정반대의 경우를 든다.

“주인에게 마음으로 헌신하는 하인은 물질적인 봉사나 주인의 이익과 신용을 지키기 위해 기울이는 세심한 주의나 또는 어떤 상황에서 주인이 뭔가를 필요로 하는데 그것이 무엇인지 알아챘을 때, 입가에 번지는 미소 같은 그런, 주인이 시키지 않았지만 주인에게 득이 되는 것들을 위해 자기 재량껏 일하기 마련이다.”(존 러스킨, 2010: 36)

그런 하인은 어떤 환경에서 어떤 타인과 함께 있는 것일까. 러스킨은 “주인이 어떻게든 하인을 많이 부려 먹으려 하는 경우보다는 사전에 약속해서 꼭 하기로 한 일도 하인의 편의를 봐서 시키고 순리적인 방법을 통해 하인의 이익도 함께 챙겨줄 경우, 주인의 애정을 받은 하인이 실제 감당해야 할 일을 훌륭하게, 혹은 덕스럽게 마칠 가능성이 매우 높게 마련이다”라고 답한다(존 러스킨, 2010: 35). 고대에도 하인이 있었고, 21세기 최첨단 인공지능 시대에도 ‘하인 역할’을 하는 사람은 있게 마련이다. 차이는 상대방이 주인이냐 하인이냐 하는 라벨보다는 함께 이익을 챙기고 애정을 주느냐의 문제인 것이다. 기존의 주인과 하인의 라벨은 그냥 라벨일 뿐 속성에서는 얼마든지 역전될 수 있다. 인간의 기질 중 이기적인 것을 드러내느냐, 아름다운 것을 드러내느냐의 차이일 뿐이다. 그러나 임금노동은 아름다운 것보다는 이기적인 것을 드러내도록 규정한다. 러스킨에 의하면, 임금노동의 등장으로 모든 인간의 삶은 금전적으로 평가되며 이러한 행위들은 인간의 생명이나 자연미, 문화재의 파괴를 가져와 인간의 품위를 빼앗는 원인이 된다. 러스킨의 경제사상은 금전의 가치에서 인간 생명을 최고로 생각하는 새로운 부, 새로운 경제학으로의 전환이다. 러스킨은 생산만큼이나 재화를 소비하고 향유하는 능력을 중시했다. 인간의 품위는 생산과 소비 모두에서 발현되기 때문이다.

그러나 러스킨을 미학과 심미주의의 틀에만 가둘 수는 없다. 러스킨이 잘 지적하듯이, 하인이 자신만의 기술과 에너지를 갖고 스스로의 역량으로 자족하는 '하인의 장인화'를 통한다면 소유관계, 주종관계에 매몰되지 않고 '공존(co-existence)'과 '상호인정(inter-recognition)'이라는 새로운 차원으로 문제를 옮길 수 있다. 그것은 찰스 디킨즈 소설 〈어려운 시절〉의 씨씨에게서 잘 드러난다. 〈어려운 시절〉의 씨씨는 비록 학교공부는 잘 못하지만 타인의 불행과 고통을 공감하는 능력이 뛰어나다. 씨씨는 그래드그라인드를 따라 그의 집에 온 이후, 죽음의 그림자가 감도는 집안의 분위기를 밝게 만들어 어린 제인과 그래드그라인드 부인에게 위로를 준다. 또한 삶을 조롱하는 하트하우스에 대한 강한 반감으로 씨씨는 그에게 코크타운을 즉각 떠나라고 요구할 정도로 공감과 창조성, 그리고 활력이 넘치는 인물이다. 씨씨는 하인의 역할이지만 스스로가 가족의 유대를 복원하는 생명 중심의 인간이며, 공감과 책임의 인물로 그려지고 있다. 씨씨는 덕스럽게 모든 일을 처리한 것이다.

상호인정은 거대한 권력을 해체한다. 상호인정의 확대는 자아정체성과 자존감 그리고 자아실현을 부른다. 호네트에 의하면 인정이란 개인과 집단의 차원에서 공히 적용된다. 즉 개인 차원의 사랑에서부터 권리의 인정 그리고 사회적인 가치부여까지 적용된다. 상대방의 감정에 대한 인정에서부터 생존과 품위 그리고 정치적 참여와 노동에까지 이른다. 호네트는 세 가지 인정형태에 대해서 세 가지 무시 형태, 즉 인정의 유보나 불인정의 형태를 대응시킨다. 사랑에 대해서는 신체적 학대, 고문, 폭행 등이 있고, 권리에 대해서는 권리의 부정과 배제, 그리고 사회적 가치부여에 대해서는 각 개인이나 집단의 사회적 가치에 대한 부정, 곧 개인적·집단적 생활방식에 대한 평가절하와 모욕이 있게 된다. 이러한 폭행, 권리의 부정, 가치의 부정을 경험함으로써 각 개인은 자신의 정체성을 훼손당하고 관계에 손상을 입게 된다. 자기믿음, 자기존중, 자기가치부여가 훼손당하는 현상은 병의 고통을 통해 인간의 신체적 생명이 위태로워지는 것과 유사하다(호네트, 2011; 박정호, 2012).

상호인정의 불균형으로 타인을 지배하는 힘은 한쪽으로 쏠리고 이것이 권력의 집중을 불러온다. 노동에서 보상과 결과를 중시한다는 것은 상호인정의 무시와 파괴로 이어진다. 물론 보상과 결과는 반드시 있어야 하지만 이것이 타인과 비교하기 쉽게 큰 차이가 나게 되면 모든 관심은 결과와 보상 쪽으로 쏠리는 현상을 피할 수 없다. 러스킨은 보상과 결과의 프레임을 벗어나길 원한다. 보상과 결과가 노동 자체보다 소중하다고 여기는 순간부터 보상과 결과의 노예가 될 따름이기 때문이다.

그런데 만약 장인의 시대가 되어 모두 스스로 자급자족하게 된다면 어떤 상황이 벌어질까. 주변에 작은 장인들의 가게와 거리가 펼쳐지는 것이 훨씬 매력적이고 그런 도시와 거리를 좋아하며, 그런 사람들이 머물고 사는 곳을 더욱 선호하며, 그런 삶에 가치를 부여하는 사람들이 점점 많아진다면 어떻게 될까. 예전 대저택에 살던 사람들이 '이건 외롭고 별로 재미없다'면서 그 저택을 카페로 개조하며 많은 사람들이 자신의 집에 드나들게 한다면 그 도시에서는 어떤 일이 벌어질까. 그렇게 대저택을 칭송하던 사람들이 사라지고 예쁘고 멋진 다채로운 가게들의 거리를 좋아하며 그곳에 살기를 원하는 사람들이 늘어난다면 그곳은 이기적인 축적보다 아름다운 건축에 더 많은 사람들이 환호하는 도시일 것이다. 모두 각자의 기술을 가지고 자신의 영역에서 전문성을 발휘하며 타인과의 품위와 공정함을 잘 지켜 살게 된다면 부자를 위해 '노예의 일'을 충성스럽게 할 사람들은 많지 않을 것이다. 그런 환경에서라면 비록 하인 역할의 일을 한다 해도 씨씨처럼 '입가에 미소가 번지는' 사람이 더욱 많아질 것이다. 그래서 장인의 시대는 부의 개념도 바뀐다. 서로 상호 존중하게 된다면 불평등에 기반을 둔 권력이자 타인에 대한 지배력, 즉 부를 통한 권력을 실현할 수 없기 때문이다. 러스킨이

✸

고딕을 찬탄한 이유도 여기에 있다. 고딕 건축은 정확한 완전성을 강조한 노예의 작품이 아니라 소박하고 자유롭고 상상하는 인간의 손, 장인의 손에 의하여 이루어진 것이기 때문이다. 도시와 사회도 여러 분야 장인의 손이 모여 아름다움을 만든다면 그것은 마치 고딕처럼 거대한 흐름을 형성하게 되고 고통스러운 임금노동이 부과하는 일상의 고통조차 변형될 수 있다. 러스킨에게 그것은 중세의 이상을 근대에 실현하는 것이었다.

"중세의 장인들은 우리보다 짧게 노동하면서…더 많은 휴일을 가졌다. 그들은 모든 예술가들이 그러하듯이, 찬찬하게 그리고 신중하게 작업했다…그들은 자신들의 솜씨와 재능에 따라 노동하였으며, 아름다움과 멋을 드러내는 데 있어 결코 실패하는 법이 없었다."(Helmholz-phellan, 1927: 105; 김문환, 1995)

러스킨은 아마추어 수준도 아니고 그렇다고 대가의 수준도 아닌 중간 수준의 작업에 가치를 부여했다(세넷, 2010: 193). 이 중간지대가 장인이 하는 일이다. 베블렌도 '수제품에서 보이는 불완전성은 오히려 경의를 표할만한 것이라고 했다. 장인은 망설이고 실수할 기회가 절실히 필요한 모든 사람을 대변한다. 기계에 의지하기 보다는 스스로 궁리함으로써 도구를 넘어서는 존재이다(세넷, 2010: 189). 러스킨의 사상은 윌리엄 모리스에게로 직접 전수되는데, 모리스는 칼라일과 러스킨으로부터 노동의 존엄성이라는 사고를 물려받았다. 모리스는 '즐거운 노동의 표현, 예술' 이라는 노동관으로 그 스스로가 디자인회사를 만들어 장인이 되었다.

자존감의 인간, 장인

"소수의 부유층 사람들이 다수의 노동자들에게 보내는 모멸적인 감정은 그다지 큰 문제가 아니다. 노동자들이 스스로에게 과해진 노동을 굴욕적인 것으로 느끼고, 자신을 타락시키고 스스로 열등한 존재로 느끼는 태도, 오로지 부유해져야 이 굴레를 벗어날 수 있다는 생각, 그리고 스스로 느끼는 수치심을 견뎌내지 못하는 데에 보다 큰 문제가 있는 것이다."

부자의 반대는 빈자가 아니다. 빈자들도 대개는 부자를 동경하며 모방함으로 부자와 빈자는 서로 같은 세계관을 갖고 같은 트랙에서 움직이며 같은 연장선상에 있다. 그래서 부자의 반대는, 더 정확히는 '빈자를 모멸하는 부자'의 반대는 '부자가 아니면서 자존감을 지닌 자'이다. 이들을 대변하는 듯한 '부러워하면 지는 거다'라는 세간의 말도 기실 이미 이기고 진다는 개념을 쓰는 순간 부자와 같은 트랙에서 같은 게임을 하고 있다는 것이므로 '부자가 아니면서 자존감을 지닌 자'를 대변하는 말이 아니다. 자만과 모멸의 트랙은 자존과 존중의 트랙과 별개이다. 두 트랙은 서로 만나지 않으며 서로를 밀어낸다. 자존감을 지니면 자만과 모멸의 트랙은 타지 않는다.

장인은 어쩌면 자존감 하나로 버티는 사람들이다. 자존감이란 나 스스로에게로 깊게 나아가 나를 높이 존중하는 것이다. 왈쩌가 잘 지적했듯이, 우리의 일상적인 비교들은 우리 개인이 획득한 것을 다른 사람의 손실로 변형시키는 결과를 낳는다(왈쩌, 1999: 395). 남과 비교를 통해 얻는 자만감은 스스로 삶을 사는 성찰과 반성 그리고 감사와 향유를 내몬다. 자존감은 우리가 다른 사람들과 함께 공유하는 일과 삶을 형태

짓고 통제할 수 있는 우리의 능력에 대한 분별력과 직접 연결되어 있다. "자신의 주인이 나쁘게 행동할 때도 자신의 존엄성에 바탕을 두고 버티고 서 있는 자존심을 가진 하인은 당연히 매력적인 인물임에 틀림없다."(왈쩌, 1999: 432) 자존감을 지니고 있는 어떤 시민도 공무원(혹은 노조원, 경영주, 감독관, 십장)의 손아귀에 놀아나는 그러한 대접을 참을 수 없을 것이다 (왈쩌, 1999: 433). 자존심을 가진 사람이란 그런 사람이다.

"자존심을 가지고 있는 시민들은 자율적인 인격을 가진 사람이다. 그는 자신의 동아리에서 지배하지 다른 곳에서는 지배하지 않는다. 그리고 그는 전 세계에 대한 지배욕을 욕구하지 않는다. 그는 자신이 귀족 출신임을, 자신의 부와 직책을, 심지어는 그의 명성까지도 이용하는, 그래서 자기가 벌지 않았고 따라서 그에게는 아무런 권리도 없는 다른 가치들에 대해서까지도 권리를 주장하고자 하는 전제 군주의 반대편에 서 있다. 전제군주란 '지배욕에 의해서 지배당하는 사람'이다. 그는 자기 소유에 만족하지 못하고 돈이나 권력의 매개를 통하여 다른 사람의 자아들을 자신의 것으로 소유하려고 한다. 전제군주는 '나는 추하지만 나 자신의 힘으로 가장 아름다운 여자들도 살 수 있다. 결과적으로 나는 추하지 않다. 왜냐하면 추함의 결과는 돈을 통하여 없어질 수 있기 때문이다' 라고 생각한다."(왈쩌, 1999: 437-438)

그래서 개인들의 위치와 그들이 '존경받을 수 있는 자질들'을 혼동하지 않는 것이 중요하다(왈쩌, 1999: 398). 세간의 '자리가 사람을 만든다' 라는 말은 이데올로기일 뿐이다. 사람들은 여러 가지 이유에서 존경받을 수 있다. 그래서 개인들의 위치와 신분, 돈이 전제되지 않는다면, 자유로운 평가는 훨씬 더 탈중심적인 인정체계들을 산출할 수 있다. 그렇게 함으로써 우리는 다양하거나 적어도 좋아함과 싫어함에 대한 애초의 다른 기준들을 동반하고 있는 다양한 형태의 사람과 집단들을 이해할 수 있게 된다(왈쩌, 1999: 400).

자만감이 사회적 산물이듯이, 자존감도 사회적 산물이다. 스스로 자연스럽게 생기는 것이 아니라 주변으로부터 받는 영향에 따라 자만심이 생성될 수도, 자존심이 생성될 수도 있다. 주변으로부터 내 의사와 생각, 경험을 존중받고 인정받으면 자존감이 생기겠지만, 주변으로부터 내 의사와 생각, 경험 그 자체를 존중받지 못하고 사회적으로 부여된 규범에

순종하는 정도에 따라 나를 평가할 때 자만과 모멸이 생기게 된다. 내가 내던져진 세상에서 어떤 것이 더 압도적이냐에 따라 우선 휩쓸려 갈 것이다. 그러나 그 물살이 모든 사람을 빠트릴 정도로 압도적이지는 않다. 우선 휩쓸리겠지만 나의 능력에 따라, 그리고 주변 사람들의 도움과 지지에 따라 자만의 트랙에서 자존의 트랙으로 얼마든지 방향을 바꿀 수 있다. 그렇다면 그러한 자만에서 자존으로의 트랙 이동은 어떻게 일어나는가. 트랙 이동이 가능한 분별과 성찰의 역량은 구체적으로 어디서 오는가. 그것은 나의 경험을 흩어지게 내버려 두는 것이 아니라 조직화하여 뗏목으로 만드는 서사(narrative)에서 온다.

인간의 삶은 내러티브에 의해 완성된다. 인간이 하는 여러 실천이 산만하게 흩어져 있게 된다면 우리는 정체성을 잃어버리고 자의성이라는 혼란에 빠지고 만다. 인간의 삶을 통일적으로 보는 방법은 내러티브를 통해서 가능하다(김미영, 2006: 95). 이야기하는 자아는 성찰하고 숙고한다. 그 누구도 아닌 나 자신의 역사, 나 자신의 고유한 의미를 가진 역사의 주체이다. "태어나면서 죽을 때까지 이어지는 이야기의 주체가 된다는 것은 이야기할 수 있는 삶을 구성하는 행동과 경험을

설명할 수 있다는 것이다."(김미영, 2006: 100) '내가 무엇인가'
는 내가 물려받은, 내 현재에 현존하는 특수한 과거이다. 나
는 역사의 일부이고 좋든 싫든 인정하든 안 하든 전통의 담
지자 중 하나이다(김미영, 2006: 106).

러스킨은 〈건축의 일곱 등불〉에서 정말로 인간이 인간답게
살았다면 그들의 집은 신전과 같은 것이라고 말한다. 우리가
감히 훼손하지 못한다는 점에서 그리고 그 안에서 사는 것
만으로도 우리 자신을 성스럽게 할 것이라는 점에서 그렇다.
신전은 인간에게는 기억과 같다. 오래전의 것을 지금에서도
숭배하며 기억하는 것이 신전이다.

"안락하지도 존경스럽지도 않은 주거지는 대중의 불만족을
확산시키는 조짐이 된다. 그 조짐이 나타나는 시기는 모든
사람의 목표가 지금 자신의 위치보다 더 높은 곳에 있을 때,
그리고 모든 과거의 인생에 대해 습관적으로 냉소할 때이다.
사람들이 자신이 건설한 장소를 떠나길 희망하면서 건설할
때, 그리고 그들이 살아온 시간을 잊기를 희망하면서 살 때이
다. 가정의 안락, 평화, 신성이 더 이상 느껴지지 않을 때이다."

러스킨에게 주거지는 고딕과 같은 신전이 되어야 한다. 고딕은 인간을 존중하는, 때로는 그것을 넘어 사물에까지 인간 존중을 투사하여 그것을 신의 경지로 끌어올리는 작업이다. 고딕의 견고성과 잉여성은 자존과 충만을 부르고 냉소와 자만을 물리친다. 러스킨은 건축이란 인간에게 그 공간에 있음으로써 안락함을 넘어 기쁨을 느끼는 공간이 되어야 한다고 보았다. 그래서 그 건물이 기능적으로 모든 것이 충족됨과 동시에 장식을 통해 충분히 표현되어야 한다고 보았다. 완벽하게 효율적이기보다는 오히려 더 나아가 잉여적이어야 한다. 돈의 논리가 아닌, 기쁨의 논리여야 한다. 루소는 "공화국은 그 시민이 자신의 인격(persons)으로가 아니라 돈으로 복무하려 할 때 몰락한다"고 주장했다. "길 닦는 것이 부정적인 재화임을 부정하는 것이 아니라 그 일을 하는 사람에 대한 경멸이 없어져야 한다."(김미영, 2005: 172) 길 닦는 청소부를 경멸하는 이유는 내가 획득한 것이 청소부 것보다 더 많다는 것이므로 나의 이익과 청소부의 손실을 거래관계(trade-off)로 놓는다. 청소부를 경멸하는 순간 경멸과 자만의 거래관계 트랙에 빠지는 것이다. 그렇다면 이 경우 행복의 국부는 어떻게 될까. 끊임없는 플러스와 마이너스의 제로섬 거래만이 있을 뿐 진정한 부, 전체 국민의 행복을 위한 새로운 생산은 어디에도 없다. 이때 청소부의 노동이 힘든 노동임을 부정할 필요는 없다. 오히려 힘든 노동과 부정적인 노동을 인정하자는 것이다. 힘든 노동이기 때문에 더 많은 보상이나 더 많은 격려를 보내야 한다. 부정적인 노동임은 인정하되 경멸은 거두어야 한다.

많은 장인이 쉽게 기계로 만들어낼 수 있는 상품을 힘들여 자신만의 작품으로 만들어낸다. 그 작품 하나하나에는 장인의 이야기가 깃들어있다. 호기심에 가득 찬 빌헬름 마이스터의 편력 장인처럼, 그리고 벤야민의 여행을 하며 경험을 전승하는 아르티장처럼 이야기는 하나의 실천적 지식이다. 기계적 대량상품과 쉽게 비교하고 거래관계에만 몰두하여 장인의 힘든 노동을 경멸한다면 그들의 실천적 지식을 얻을 수 있는 가능성은 요원해질 것이다. 경멸은 그 많은 경험과 실천의 지혜로운 지식, 이야기를 쉽게 쓰레기로 만든다. 왈쩌는 가장 바람직하고 정의로운 상태는 "돈의 경제학의 무정한 위력"을 순화시켜 돈을 무해하게 만드는 것이라고 말했다(왈쩌, 1999: 188). 러스킨은 돈 때문에 우리가 경험하는 그 모든 아름다운 이야기들을 묻히지 말라고 말한다. 돈은 분명 권력을 부르지만 그것은 억지웃음을 얻는 권력일 뿐이며 오랜 세월을 거치면 경멸과 오만으로 귀결된다. 반면 장인들의 경험에서 우러나온 아름다운 이야기들은 자존감을 높이고 서로 얽히면 함박웃음이 되며 오랜 세월을 거치면 신화가 되고 신전이 되어 인간 생명을 더욱 풍요롭게 만든다. 부자와 진정한 부자의 차이는 루소의 말대로 공화국의 시간이 판정하는 것이다.

4. 뉘른베르크의 마이스터징어

바그너 오페라는 장중하고 비극적인 것이 대부분인데 마이
스터징어는 다르다. 마이스터들은 과거 중세의 유물로서 별
다른 삶의 의욕 없이 어두운 중세를 살아온 것 같지만 마이
스터징어 오페라를 보면 당시 그들 삶의 역동과 감성, 열정
과 사랑이 느껴진다. 중세라고 하면 인격적인 예속이라는 신
분 중심적이고 반자유적인 면이 먼저 떠오르지만, 수공업
공동체인 길드를 보면 꼭 그런 '중세스러운 것'만 존재했던
것은 아니었다. 중세가 교회와 궁정, 영주라는 지배층만을 본
다면 물론 지배층에 의한 피지배층 종속의 역사이겠지만, 중
세의 경제를 이끌었던 수공업자 연합 길드를 본다면 자유와

연대, 상호결합의 원형을 찾을 수도 있다. 역사의 해석이란 왕이나 귀족 등 그 시대를 지배한 계층의 시각에서 볼 수도 있지만 농부나 수공업자 같은 그 시대를 생산한 계급의 입장에서 바라볼 수도 있다. 이 오페라를 통해 그 시대 생산자 계급이었던 수공업 장인들의 일상적 삶의 단편을 들여다보자.

〈뉘른베르크의 명가수〉는 바그너(Wilhelm Richard Wagner)가 대본과 작곡을 한 3막의 오페라다. 이 작품은 바그너의 다른 오페라와 달리 구체적인 시대와 공간을 가지며 바그너 자신을 한스 작스라는 인물에 반영하여 만든 것으로 알려져 있다(Schneider, 1997: 137). 〈뉘른베르크의 명가수〉는 몰락한 기사인 발터(Walther)가 연회에서 만난 에바(Eva)와 사랑에 빠지고, 사랑을 쟁취하기 위해서 노래 경연에 참여하여 승리함으로써 에바와의 사랑을 이루고 뉘른베르크의 길드 조직에 들어간다는 이야기 구조를 지녔다. 이러한 과정에서 발터와 에바의 사랑이나 기사, 장인들, 도제들, 견습공들의 권리관계 등 중세의 다양한 사회적 인정관계가 드러난다. 여기서 한스 작스(Hans Sachs)는 발터의 노래에 다른 감성이 있다는 가능성을 발견하고, 이러한 한스의 염려는 명가수에 진입할 수 없는 발터가 노래 경연에 참여할 수 있게 도와준다. 발터는 경연에서 뉘른베르크 사람들에게 인정을 받고 우승하면서 결국 뉘른베르크 공동체에 융합된다. 그곳에서 길드는 한 개인을 인정하고 공동체에 융합시키는 중요한 단위이다.

길드의 유래는 고대 후기 이집트, 인도, 중국에까지 거슬러 올라간다[6]. 이 시기에 길드는 어떤 정치적 수요에 대한 요역 공납의무를 지닌 자유롭지 못한 노동조직이었다. 로마 공화국의 경우 군대에 '센투리아 파브룸(centuria fabrum)'이라는 전속 수공업자가 있었고, 곡물의 수입이나 선박의 건조에 동원되는 조직이 있었다. 로마 말기, 순력수공업자(巡歷手工業者)가 출현하고 이것이 중세에 이르러 '자유로운 합동조직'인 길드가 된다. 이들은 기독교를 믿었으며 사도 바울 역시 여기에 속했다. 당시 그가 말한 '일하지 않는 자는 먹지 말라'는 일반 사람의 도덕이라기보다는 수공업자의 도덕이었다. 하지만 아직 고대에는 길드적인 정신이 없었다. 이는 중세에 이르러 정립된다. 중세 초기에 기독교는 노동을 신에 대한 봉사로 간주했고, 수도원은 중세 이후 오랫동안 수공업적 노동의 중심이 되었다. 즉, 길드 형태의 기원은 중세 초기의 교회 길드가 된다. 이러한 교회 길드는 사람들을 직업군으로 분류하고 교육과 평가와 허가를 하는 관리기관으로 변화한다.[7]

길드는 생업과 관련해서 극단적인 경쟁을 피하고 길드에 소속된 사람들의 유리한 생계환경을 보장하는 것이 핵심정책이었다. 각 마이스터들(직인의 우두머리)은 서로 자본을 균등하게 생산함으로써 자본력의 치우침을 막고 서로 간의 분화도 막았다. 노동과정은 통제되었고 마이스터들은 자신이 계승한 노동만 하였다. 길드는 상품의 품질을 통제하는 것뿐만 아니라 도제와 노동자의 수도 통제하였다. 그 결과 원료구매에서 제품의 판매에까지 모든 과정이 공동으로 운영되었다. 이들은 아직 분업에 의한 기술적 개별화를 추구하지 않고 최종생산품에 따라 전문화되었다. 분업을 허용하지 않았기 때문에 한 노동자가 한 상품을 처음부터 끝까지 혼자서 생산했다. 옷의 예를 들면, 한 사람이 상의를 만들면 다른 사람은 하의를 만들었다. 한 노동자가 재단만 한다든지, 봉제만 하는 것이 아니었다. 이러한 작업 과정은 긴 시간을 필요로 한다. 이처럼 동료 간에 균등한 기회를 주기 위해서 자유경쟁은 제한될 수밖에 없었다.

❀

기술의 통제를 위해 일할 수 있는 동료와 도제의 수는 마이스터 1인당 한 명 내지 두 명으로 제한되었다. 출하 전 품질 검사도 철저히 행해졌다. 또한 마이스터는 대규모 자금을 가진 상인을 위해서 노동하지 않고 길드 내 사람들의 주문제품을 받아 제작했다. 구매 역시 다른 구성원보다 먼저 구매하는 것을 금지했고, 판매 역시 선전매를 금지해서 값이 깎이는 것을 방지했다.

길드는 경찰권과 재판권도 지니고 있었다. 동료 사이에 평등을 유지하기 위해 경영과정을 서로 감시했다. 그리고 지역독점을 통해서 길드가 자신의 지역 내에서 공업적 절대 권력을 행사했다. 이런 정책은 유럽 국가마다 다소 차이가 있어서 독일에서는 완전히 실행되었고 프랑스와 이탈리아에서는 중간 정도 시행된 반면에 영국에서는 이루어지지 않았다. 이처럼 모든 정책은 길드 공업 내부에서 대경영이 발생하는 것을 방지하기 위한 것이었다.

15세기경에는 걸작제도(Meisterstück)를 두고 고가정책을 시행하거나 새로 가입하려는 마이스터에게 일정한 최소자본을 요구하는 등 마이스터들은 자신의 기존 지위를 유지하려고 하였다. 이 과정에서 도제와 직인의 훈련 기간이 제도화된다.

도제 기간은 영국에서 7년, 독일에서 3년, 다른 나라에서는 5년으로 이 과정을 거치면 직인이 되었다. 직인 기간 동안 도제에게 유예기간을 부여하는 순력직인제가 발생했다. 길드는 절대적인 최고수를 설정해서 마이스터의 수를 제한했고 이러한 마이스터 지위는 자식이나 사위에게 우선권을 주어 세습되기도 하였다. 하지만 인구가 증가하고 도시 간 이동수단이 발달하면서 길드체제는 상인들에 의해 깨지게 된다.

뉘른베르크의 길드와 마이스터징어의 탄생

중세 수공업의 번성은 곧 제화공, 재단사, 제빵사, 목공, 석공, 대장장이 등과 같은 전문적인 수공업자들의 번성이었다. 수공업자들은 동일한 직종끼리 길드를 조직하여 자신의 권익을 보호하고자 했다. 공장 길드는 장인(master), 직인(journeyman), 도제(apprentice)의 세 계층으로 구성되었고, 1363년에 뉘른베르크(Nürnberg)에는 1,217명의 장인을 중심으로 50개의 수공업자 집단이 활동했다(송성수. 2009: 23).

〈뉘른베르크의 명가수〉의 배경이 되는 도시인 뉘른베르크는 11세기부터 상업권을 길드가 점유해서 중세 말 무렵에는

독일에서 가장 부유한 도시 중 하나가 되었다. 특히 중세에
도 다른 도시들과 달리 독일 황제의 구속을 받지 않는 특권
을 누렸다. 독일의 어느 도시보다도 영토가 넓었던 뉘른베르
크는 16세기에는 경제력을 토대로 전성기를 맞이하고, 이를
바탕으로 예술과 학문을 축적하게 된다. 이러한 사회경제적
인 토대들은 구질서에서 벗어나 새로운 사회질서를 받아들
이는 토대가 된다. 뉘른베르크는 종교개혁가 마틴 루터(Martin
Luther)를 지지하고 수도원 중에서 카타리넨 교회를 환속시
킨다. 그리고 이 교회가 마이스터 노래학교가 된다(Schneider,
1997: 123).

마이스터징어의 노래는 중세 후기 남부 독일의 예술형식으
로 엄격한 형식에 '사랑의 서정시'인 민네쟁어(minnesänger)
가 합쳐지면서 발전한 것이다. 민네쟁어는 프랑스어에서 유
래한 투르바도르(Troubadour)와 일 트로바토레(Il Trovatore)에
서 나온 중세의 '음유기사시'이다. 이들은 주제 면에서 중
세 교회 수사들의 노래와 다르게 귀부인에 대한 플라토닉
사랑 등 세속적인 것을 다루면서 여러 곳을 유랑하는 낭만
주의적 성향을 지녔다(홍명순, 2002). 그 유래는 궁중 예술로
서 노래(Minnesang)를 만든 사람들은 대부분 귀족 출신이었다

(Schneider, 1997: 122). 중세 초기에는 귀족이 문화와 사회를 주도했지만, 그 후 도시의 상공업이 발달하면서 귀족은 사회경제적인 주도권을 잃어버렸고 그들의 문화는 다른 계층에 흡수되었다. 그 과정에서 귀족풍의 감미로운 노래는 서민들의 내용과 합쳐지게 된다. 이 시기에는 예술인인 시인도 생계를 위해 길드에 가입되어 있었고, 시를 짓는 것도 조합의 규정에 따라야 했다.

한편 마이스터징어는 자유도시와 길드가 형성된 독일에서 마이스터들이 직업적 기술과 함께 시와 노래를 통해서 교양을 갖추자는 목적을 위해 만들어졌다. 즉 마이스터징어(Meistersinger)는 마이스터(Meister)와 징어(Singer)가 합쳐진 단어로서, 다년간 숙련을 통해서 사회적으로 최고의 정점에 도달한 장인정신과 함께 예술적 규칙에 따른 징어가 됨으로써 기술과 교양을 함께 갖춘 시민이 되는 것을 의미했다. 이들은 민네쟁어와 다르게 유랑하지 않고 자유도시의 길드 소속으로 스스로가 정한 예술규칙을 엄격하게 지키고자 했다. 따라서 마이스터징어 노래의 주제는 루터가 번역한 성경에 근거한 종교적이고 윤리적인 내용과 시민사회의 질서와 규율에 관한 것이었다(홍명순, 2002: 658). 이것은 〈뉘른베르크의 명가수〉에서 코트너(Kothner)가 언급한 명인들의 규칙인 타블라투르(Tablature)에서 잘 나타난다.[8] 이에 〈뉘른베르크의 명가수〉는 길드로 대변되는 마이스터징어 예술과 민네쟁어를 바탕으로 자유롭던 발터의 갈등과 화해를 다루고 있다.

마이스터징어 길드는 다른 길드처럼 단계적이었는데, 가장 낮은 단계는 기존의 곡을 노래하는 가수, 그다음 단계로는 이미 존재하는 선율에 새로이 시를 붙여 부를 수 있는 시인, 새로운 선율에 자신의 시를 붙여 노래하는 사람에게 마이스터라는 칭호를 부여했다. 그리고 최종적으로 메르커(Merker)라는 심판관이 정기적으로 조합원의 활동을 감독했다. 노래의 규칙은 타블라토르(Tabulator)라는 책에 집대성되어 있다. 형식적으로는 마이스터장의 시구인 바(Bar)가 전절과 후절로 나누어져, 전절은 다시 전구와 후구로 나뉘고 각 구는 운을 맞춘 여러 행으로 이루어져 있다. 초기에는 종교적인 내용이 많았지만 시간이 갈수록 세속적인 내용이 많아졌다. 이러한 마이스터징어는 마인츠, 아우크스부르크, 울름 등에서 널리 존재했고, 멤밍엔에서는 1875년까지 유지되었다. 시인 폴츠와 마이스터징어인 한스 작스가 있던 뉘른베르크는 마이스터징어로 유명한 도시였다(Schneider, 1997: 124).

이처럼 〈뉘른베르크의 명가수〉가 전개되는 16세기의 뉘른베르크는 독일 내부에서 자유도시(freie Reichsstadt)가 발달하던 시기에 수공업과 교역을 중심으로 수공업자들과 상인들이 자본을 축적하며 새로운 시민계급을 형성하던 시기였다.

교양인 시민, 마이스터징어

14세기 중엽 로마는 계급사회로 성직자, 귀족, 서민, 그리고 노예로 나뉘어 있었다. 주지하다시피 중세를 이끈 지배계급은 성직자였다. 세습 귀족(Patrizier)들은 사회의 특권층을 형성하고 귀족정치를 시행했다. 하지만 귀족계급은 집단이기주의적 횡포로 사회불안을 야기했다. 반면 농민과 수공업자들이 포함된 서민인 'Volk'는 14세기 중엽 로마 인구의 2/3를 차지했다. 이들은 세습 귀족의 반대 개념으로 집단계급[9]을 이루고 이들 중 일부는 르네상스 시기에 도시 중심으로 생겨난 신흥부유층인 시민(Bürger)[10]이 되었다. 중세 말기 중앙집권적 권력은 쇠퇴하고 경제력을 바탕으로 하는 시민계급의 세력이 점점 더 커진다. 교회는 귀족계급과 시민계급 사이에서 유리한 쪽을 선택했고, 신흥세력과 귀족세력의 대립

양상은 점차 격화되었다(이동용, 2008: 26).

〈뉘른베르크의 명가수〉는 마이스터 한 사람에 대해서 조명한 것이 아니라 마이스터라는 계층이 그 시대 뉘른베르크에서 어떠했느냐에 초점을 맞추고 있다. 그 시대의 마이스터는 생업과 연관된 삶과 미적 이상으로서의 예술, 아마추어 예술가로서의 삶과 시민으로서의 삶을 공존시키려고 노력하였다. 민네쟁어는 방랑하는 유랑시인으로 낭만적인 개인주의자에 가까웠지만 마이스터징어는 성(城)이라는 공간적 제약 속에서 공동체를 형성하면서 시가규칙과 공동체의 관습을 지키기 위해서 노력했다. 이들은 자신의 생업에서 최고의 지위인 마이스터이자 공동체의 재판에 참여할 권리를 지녔고, 기초부터 엄격한 훈련을 거쳐 전문성을 획득함으로써 자신의 업무를 스스로 지휘할 수 있는 사람이었다. 이들은 교양을 지녔고, 또한 마이스터징어가 될 수 있는 자격이 주어졌다. 즉 단순한 한 분야의 전문가가 아니라 장인-예술가를 결합하는 전인적 교양을 지닌 존경의 대상이었다. 이들은 문법, 수사, 논리, 산술, 기하, 음악, 천문의 7가지 영역에 대한 공부를 하였다. 또한 지위 단계도 5가지로 나뉘는데, 마이스터(Meister), 시인(Dichter), 가수(Singer), 제자(Schulfreund), 견습공

(Schüler)의 지위로 구분되었다. 즉, 마이스터징어는 일에서 마이스터인 동시에 높은 교양을 지닌 노래의 명인이다(김용한, 1994: 203).

이처럼 마이스터들은 자신의 전문분야에 전문성과 성실성으로 매일 자신의 과제를 수행하는 자세를 지니고 있었다. 이들이 노래하는 이유는 자신이 인색한 소시민이 아니며 폭리를 추구하지 않고 예술도 이해하는 존재임을 보여주고자 한 것이었다. 그것은 한편으로는 생활의 영역에서 생계를 유지하기 위해 일과 이윤을 추구하고, 다른 한편으로는 유희의 영역에서 시가의 전통과 아름다움을 계승하기 위해 노력하는 교양인의 모습이다.

명가수와 인정관계

오늘날의 인간관계는 냉정하고 계산적이다. 사람들과의 관계에서 상대방의 마음을 알아채려는 염려는 점점 어려운 행위가 되고 있다. 그러나 한스 작스는 개인과 개인의 사회적 연결성을 지닌 염려의 작용을 〈뉘른베르크의 명가수〉에서 잘 보여준다. 한스 작스는 발터의 재능과 에바에의 사랑을 뛰어넘어 뉘른베르크라는 공동체에 발터가 융합될 수 있도록 염려함으로써 그가 길드 내에서 존재감을 형성할 수 있도록 해주었다.

발터는 프랑켄 지방의 몰락한 귀족의 후예이자 자유로운 개성의 전형이다. 본래 마이스터징어는 뉘른베르크 노래조합의 시가규칙인 '노래규칙표'의 엄격한 규칙에 따라야 한다. 하지만 발터는 처음에 자신의 스승은 '자연'이라 말하며 자유분방한 민네쟁어식의 노래를 불러 실격된다. 마이스터징어의 규칙은 타블라투어라는 법전으로 기록되어있는데, 그 내용은 크게 시의 종류, 사용되는 운율, 자주 범하는 실수들로 나뉘어 있었다. 따로 법전이 마련된 것에서 알 수 있듯이 마이스터징어들이 노래하는 시는 영감이 아닌 규칙에 따른 연습을 통해 배우는 것이었다. 하지만 발터는 "숲에서 울리는 청명한 소리를 들으며 노래 부르는 것을 배웠지요. Im Wald dort auf der Volgelweid, 'a lernt' ich auch das Singen."[11] 라고 자신의 자유분방함을 분명히 말한다. 이처럼 몰락한 기사로 자신의 영지를 처분하고 자유롭게 떠도는 기질을 가진 발터다. 강한 개성을 지닌 발터가 뉘른베르크의 길드에서 공동체의 일원으로 자리 잡기 위해서는 발터의 시련을 인정해주는 분위기가 작동해야 한다.

〈뉘른베르크의 명가수〉는 근대 개인성의 출현이 공동체 내에서 개인이 동등한 권리의 주체로 인정을 획득하는 과정을 잘 보여주는 텍스트이다. 여기서 중요한 것은 인정의 확장이 개인의 재능과 그 재능이 발견되는 우연성에 의해 이루어지는 것이 아니라, 공동체 구성원의 권리와 가치를 보존해주는 정책 혹은 제도가 기반이 되고 있다는 것이다.[12] 근대 시민국가는 중세의 신분제적 예속으로부터 분리하기 위해 동등한 주체로서 존재적 가치를 시민에게 부여했다. 마이스터징어는 직업적으로 수공업자이며 예술(노래)로 교양을 겸비할 수 있도록 한 것으로, 근대 시민은 자신을 배려하며 완성도 높은 삶을 살아갈 수 있는 자립적 주체임을 의미한다. 근대 시민의 요건은 지속적으로 분업화되는 구조 속에서 불완전한 존재가 아니라 직업세계와 예술세계를 결합하여 온전한 자기 정체성을 갖춘 주체라는 것이다.

그리고 근대로 전환되는 시기에, 즉 상업자본이 급격하게 성장한 시기임에도 불구하고 수공업자들이 이들 자본에 복속되지 않도록 보호하는 제도가 존재하였다. 그중 하나는 극단적인 경쟁을 피하고 생계를 보장하는 것이었다. 이는 단순한 생산과 소비가 아니라 경쟁이 격화되는 위협으로부터 길드에 속하는 사람들에게 유리한 시민적 번영을 보장함을 의미했다. 또 하나는 모든 구성원에게 균등한 기회를 주는 것이었다. 이것은 마치 토지를 농민에게 분할함으로써 기회균등을 시도한 것과 같다. 마이스터의 자본이 불평등하게 증가하는 것을 억제함으로써 자본력의 집중을 막았으며, 자본의 불평등한 증가의 결과로 나타나는 마이스터 상호 간의 분화역시 규제하였다. 가령, 한 마이스터가 다른 마이스터의 영역을 넘어서는 안 되었으며, 이러한 목적을 달성하기 위하여노동과정이 통제되었다. 어떤 마이스터도 그가 계승해 온 것이외의 다른 노동을 해서는 안 되었다. 길드는 상품의 품질을 통제하였고, 또 자기에게 소속되는 도제 및 노동자의 수를 통제하고 감독했다. 즉, 아주 값싼 노동력을 고용함으로써 도제제도의 질이 악화될 염려가 있을 경우에는 도제의수를 마이스터 1인에 대하여 한 사람 내지 두 사람으로 제한했다. 또 상인들과의 거래도 엄격히 했다. 이것은 선대제도를 발생시키기 때문인데 완성된 제품은 임금작업자인 길드소속의 노동자로부터 주문제품으로 공급되었다.

이처럼 마이스터의 영역이 엄격히 분리되고 공동체 내에서 보존하고자 하는 독립된 가치가 인정되고 있다는 점에서 〈뉘른베르크의 명가수〉는 '다원적 평등'이 실천되는 공간이다. 오늘날 우리 사회는 경제자본이 지배적인 사회적 가치로 통용되면서 더 좋은 교육을 제공받고, 높은 공직에 오르고, 더 많은 문화자본을 축적하는 방식으로 불평등이 중첩되고 있다. 다양한 집단의 가치나 정체성이 무시와 차별의 대상이 되고 경제적 기회로부터도 배제되고 있다. 〈뉘른베르크의 명가수〉에서는 길드라는 공동체에서 최고의 지위인 마이스터가 되는 것이란 직업적인 재능뿐만 아니라 예술을 이해하고 사랑하는 높은 교양을 겸비하는 것이 그 공동체의 추구가치임을 보여주고 있다. 이것은 상인조직이나 여타의 이익 공동체에서 추구하는 가치와 다르며, 이러한 점에서 〈뉘른베르크의 명가수〉에서 나타나는 길드 간 경계의 형성은 공동체의 고유한 가치에 대한 인정을 담보하며 다양한 집단이 동등한 주체로서 존재할 수 있는 다원적 평등을 실현할 수 있는 지점임을 제시해 준다. 개인이 특정한 분야에서 출중하다 하더라도 다양한 사회적 재화를 통해 각기 다른 사회적 지위를 갖고 있는 사람들과 공존하게 된다면 하나의 지위를 이용해

사회의 지배적 지위를 차지할 수 없기 때문이다.[13]

그런데 여기서 주의할 것은 경계의 형성이 폐쇄성으로 전락하지 말아야 한다는 것이다. 경계의 형성이란 고유한 영역의 독립성을 보장하기 위한 상호인정을 위한 것에 국한해야만 한다. 발터에게서 볼 수 있듯이, 개별 수준에서 인정은 염려를 출발점으로 하기 때문에 타자에 대한 배려와 개방을 담고 있다. 또한 공동체 수준에서 인정은 고유한 가치 기준을 바탕으로 이루어졌기 때문에 전 영역을 넘어서는 지배적 가치는 약화되고 독립적 영역이 보장되고 있다. 따라서 상호인정은 배제와 폐쇄성이 아니라 배려와 개방성을 담고 있어야 한다. 이러한 점에서 〈뉘른베르크의 명가수〉는 중세 길드를 배경으로 하고 있지만 다원적 사회에서의 상호인정이 개인과 공동체의 관계를 성립시키는 핵심 요소가 되어야 함을 시사하고 있다.

5. 바우하우스의 디자인 장인

르네상스의 대표적인 두 인물은 레오나르도 다빈치와 브루넬리오 미켈란젤로다. 둘은 르네상스의 본거지 피렌체에서 함께 활동했으며, 그 시대에 가장 촉망받는 예술가였다. 다빈치와 미켈란젤로의 표현방식은 약간 달랐다. 다빈치가 인간의 해부도와 기하학적 도형 등 예술과 과학의 결합 쪽에 경도되었다면, 미켈란젤로는 벽화와 조각상 등 대작들을 오랫동안 그리면서 예술과 건축의 결합 쪽에 좀 더 경도되었다고 볼 수 있다. 그런 점에서 르네상스형 인간에는 다빈치가 좀 더 가깝다고도 할 수 있겠다. 르네상스가 인문과 예술의 부흥뿐만 아니고 과학의 발흥까지도 가져와 근대의 과학

기술 자양분이 되었다고 보는 관점 때문이다. 반면 미켈란젤로는 당대에 조각가로 명성이 더 높았는데, 그 당시 조각은 부상하는 예술 분야보다는 전통적인 장인 분야 쪽에 소속되어 있었던 듯하다. 미켈란젤로가 조각가가 되겠다고 했을 때 부모가 왜 화가가 되지 않고 조각가가 되려 하느냐고 핀잔했던 것이 그의 전기에서 중요하게 전래되는 것도 그 당시 조각은 중세 성당을 건축하던 장인의 일과 같은 선상에 있었기 때문이었을 것이다.

르네상스가 중세를 극복하고 그리스의 인문 예술을 부흥하고자 한 것에는 인간의 '정신성the spiritual'의 고양이라는 목적이 있었기 때문에 역사적으로는 당연히 다빈치가 더 많은 주목을 받았을 것이다. 그리고 '르네상스적 인간'에는 장인의 손노동을 경시하고 예술을 정신적인 영역에 국한시키게 되는 의도하지 않은 결과를 가져왔을 수 있다. 그러나 이러한 그 시대의 조류에 대해 미켈란젤로는 회의하였다. 벽화 주문을 받고 화가는 그림만 그리고 조각과 색감을 덧씌우는 작업은 다른 일꾼들에게 맡겨버리는 화가들을 미켈란젤로는 아주 못마땅해했다. 미켈란젤로는 조각부터 색감까지, 작업의 처음부터 끝까지, 구상부터 재료, 재질, 그리고 손노동까지 모두 스스로가 책임을 지고 작업을 수행하는 것이 진정한 예술가라고 여겼다. 더군다나 자기 작품에 대해 완벽성을 추구하던 미켈란젤로였기 때문에 그가 주문받은 일들은 다른 화가들에 비해 훨씬 길고 지난한 시간이 걸렸다. 물론 역사를 장기적으로 본다면 다빈치적 르네상스가 과학기술의 발전으로 이어져 산업혁명을 가져오고 근대의 생산성을 추동한 원류라고 할 수 있을 것이다. 미켈란젤로의 고집과 투박함처럼 자신의 수공을 정성스레 성당과 건물, 사물에 새기고 이를 신성시하는 중세적 숭고함은 소멸되거나 주변으로 밀려났다. 모든 정신적인 것이 추앙받고, 모든 물리적 사물들은 추락했던 것이다. 그러나 그 후 산업혁명으로 기계들이 밀물처럼 들어오고 대량 생산된 물건들이 넘쳐나면서 과학기술이 가져온 물질적 풍요로움에 대한 환상은 점점 수그러들고 대량생산된 물건들의 단조로움에 실망하게 되면서, 또 그런 물건을 생산하는 인간 노동의 단조로움에도 실망하게 되면서 다시 미켈란젤로와 같은 중세적 손노동, 장인적 수공예의 부활을 바라는 회귀적 사상들이 생겨나기 시작했다. 미술공예운동을 전 유럽에 퍼트린 존 러스킨과 윌리엄 모리스가 그런 중세적 회귀를 추구한 대표적 사상가들이자 예술가들이었다. 르네상스가 중세의 신으로부터의 해방이 목적이었다면, 미술공예운동은 근대의 기계제 대량생산으로부터의 해방을 목적으로 한다. 그런 유토피아적 이상은 늘 복고와 함께 나타나는데, 16세기 르네상스 사조가 그리스의 복원과 부흥을 위한 것이었다면, 19세기 미술공예운동은 중세의 복원과 부흥을 촉발시켰다. 이렇듯 미술공예운동은 르네상스처럼 그 시대의 인간에 대한 억압과 부조리의 구조로부터 인간을 구원하려는 시도였다. 그 핵심내용은 자본주의가 가져온 분업과 착취에 대한 저항, 그리고 자본주의의 대량생산품의 단조로움에 대한 소비자의 저항까지를 포괄하는, 자본주의적 체제가 양산한 부정적 결과에 저항하는 최초의 조직적 예술사조였다고 할 수 있다. 그리고 그 예술운동의 가장 큰 쟁점이 바로 수공예 장인의 부활이었으며, 이러한 장인의 부활은 곧 자본주의 도시화에 대한 거부와 중세적 인간의 회복을 상징하는 새로운 '상징적 경계symbolic boundary'를 의미하는 것이었다.[14]

이러한 수공예, 손노동의 장인 부활은 실제 윌리엄 모리스의 수공예 회사설립으로 이어지고 19세기 유럽 전역에 영향을 주어 빈 공방, 아르누보건축, 독일공작연맹 등의 설립으로 이어진다. 이들은 구상과 추상, 기하학적 통일성을 중시하는 기존 주류 예술계의 풍토에 반발하며 자연의 아름다움 그리고 인간의 추상적이고 표현적인 특징들을 중시하며 새로운 예술사조를 만들어간다. 이들에게 수공예 장인의 부활이란 기계제 대공업에 신음하며 파편화되어가는 노동에 대항하는 낭만적 사회주의 운동의 일환이었으며, 대량생산의 근대에 저항하는 수많은 인물과 네트워크 그리고 사조를 낳으면서 시대 이념의 또 다른 축을 형성했다는 점에서 '러다이트적 유산'이라고도 말할 수 있을 것이다.

그러나 모리스의 미술공예운동은 중세 장인의 고귀한 노동의 부활이라는 순수성에도 불구하고 생존을 지속하기에는 쉽지 않았다. 저렴한 가격에 질 좋은 상품을 구매할 수 있는 기계제 대량생산의 매력이 사회체계의 중심 원리가 되면서 모리스의 수공예 제품은 오히려 귀족적 향수를 지향하는 신흥 부르주아의 구매품이 되고 만다. 모리스는 장인의 노동을 살리면서 아름다운 수공예품을 소비자에게 전달하려 했지만 일반소비자는 관람자에 머물렀을 뿐 장인의 수공예품은 구매력이 있는 부르주아에게 돌아가는 '의도하지 않은 결과'를 낳은 것이다. 그래서 대부분의 예술영역에서 시도된 자본주의적 저항운동은 생산과 소비의 메커니즘을 벗어나지 못하고 주변화되어 자율적인 노동, 장인적 노동의 가능성이 소멸되는 것이 일반적 귀결이다. 그러나 자본주의 전일화 과정에서 장인적 전통을 계승하고 발전시킨 '예외적인' 지점이 있었다. 특히, 장인적 노동의 가능성을 찾고 그것을 지속 가능하게 하기 위한 상징적 경계의 해체 시도가 독일 바우하우스를 중심으로 세력화했던 것은 주목할 만하다.

예술과 장인: 경계의 해체와 융합

그리스어로 아르테arte는 예술만 아니라 미술, 손기술, 덕, 좋은 것의 개념을 포괄하는 것이다. 이로 미루어볼 때 그리스 시대의 예술은 손기술과 덕, 좋은 것 모두가 통합되어 있었다. 13세기가 되어 패널화가 등장하면서 예술가와 공예 장인은 구분되기 시작했다. 그 전까지는 집 짓고, 건물을 짓는 사람들은 곧 장인이자 예술가였다. 그러다 패널화가 등장하면서 패널에 그림만 그리는 화가가 등장하고 손으로 실제 건축물에 자신의 작품을 새기는 장인과 분리되기 시작했다. 그리고 18세기 이후 기계제 대공업의 등장으로 수공업 장인은 급격히 몰락한다. 1851년 만국박람회는 수공예 장인의 시대가 끝나고 기계의 시대가 왔음을 알린 상징적 사건이었다. 기계제 자본주의의 등장은 인간과 사물의 분리 과정이었다. 노예였던 기계가 인간의 주인이 되었고 호모파베르였던 인간은 호모사케르가 되었다. 사물은 자원으로 변했다. 라인강에 발전소가 세워진 뒤에 사람들은 라인강을 강으로 보는 대신 수자원으로 인식하게 되었다. 근대적인 기술은 세상을 자원의 형태로만 이해하려는 파괴적인 것이었다(홍성욱, 2009: 146; Heidegger, 1977). 사물을 다루는 장인들의 공예는 처음에는 예술에 밀리고 그다음에는 기계에 밀렸으며 종국에는 자신들이 다루는 사물에도 밀렸다. 벤야민은 〈일방통행로〉에서 인간이 사물을 만들었지만 자본주의 시대가 되면서 인간이 그 사물을 숭배하고 이제는 그 사물이 인간에게 폭력을 가하는 시대가 되었다고 했다. 예술과 기계와 사물이 자신들의 상징적 경계를 강화하면서 공예장인들은 그 어느 것과도 관계를 맺지 못했다.

이것은 사진이 처음 등장했을 때도 마찬가지였는데, 사진은 자연을 그대로 재현한다는 이유로 예술영역으로 편입되지 못했다. 보들레르는 1859년 파리살롱을 비평하면서 사진에 대해 "사진은 과학과 예술의 하인이라는 본연의 의무로 되돌아가야 한다"고 주장하면서 "문예를 창조하거나 대신할 수 없는 인쇄술이나 속기술과 같이 단순한 일만 하는 겸손한 하인으로 머물러야 한다"고 했다(임경순, 2011). 정신과 상상의 예술세계에는 사진을 비롯한 인쇄술과 속기술 같은 손기술은 들어올 수 없다는 것이다. 보들레르만이 아닌 앵그르, 플랑드랭, 앙리켈-뒤퐁 등 당대 유명한 미술가들이 사진의 예술 편입에 반대하는 탄원서에 서명했다. 사진은 영혼이 없는 기계이며 회화와 결코 비교될 수 없다는 것이다(홍성욱, 2009: 167). 사진은 정신과 상상의 예술적 아우라가 없으며 판화예술을 대체할 것이기 때문에 그 경계를 명확히 만들어 놓아 예술에 편입되지 못하게 해야 했다.

그러나 예술가들이 자기들의 경계설정을 위해 장인의 영역을 배제하며 폐쇄적으로 변해갈 때 장인의 영역에서는 거꾸로 예술을 끌어들이려는 노력을 하게 된다. 에펠탑이 대표적인 사례인데, 에펠탑은 중세 장인들이 고딕 성당을 만들던 것과 같은 성격의 일이다. 장인들이 자신의 자율성을 가장 잘 발휘할 수 있는 영역인 것이다. 오랜 논쟁 끝에 에펠탑과 그 탑에 쓰이는 철재는 산업의 재료만이 아닌 예술적 재료로 인정받게 되고 예술 작품에 포용된다.[15] 즉, 예술이 공예를 배제하며 경계를 만들어 낼 때, 다른 한편에서는 새로운 사물을 예술로 확장 포용하며 공예를 예술화했다.[16] '작품의 상품화'와 '상품의 작품화'가 동시적으로 진행되었다. 또한 예술계 내에서도 균열이 일어나는데 공예 장인을 몰락시키고 있던 기계제 대공업의 시대가 수많은 반미술 경향을 배태시켜 장인의 전통을 존중하며 기존 예술의 경계를 흩트린 것이다. 제1차 세계대전 직후의 다다이즘이 그 사례를 잘 보여주는데 취리히, 뉴욕, 바르셀로나, 그다음엔 베를린, 쾰른, 파리로 확산된 반미술 운동(Staniszewski, 1995: 266)은 바우하우스의 시대적 자양분이었다. 즉 바우하우스의 예술, 공예의 통합적 접근은 기존 주류 예술 내부의 폐쇄성과 반미술 운동의 저항성 그리고 고립되어 가던 공예 분야 예술에의 지향성이 상호 결합하여 만들어진 것이다.

바우하우스의 중심인물은 설립자인 그로피우스이며 예술사적 기원은 미술공예운동과 독일공작연맹이며[17], 더 근원적으로는 윌리엄 모리스와 존 러스킨이라고 할 수 있다. 모리스와 러스킨의 이상적 공간은 고딕 대성당이다. 장인의 손기술로 만든 아름다운 장식을 거대한 성당건축에 입힐 수 있다는 것과 그러한 노동은 인간의 정신성을 최고로 고양시킨다는 점에서 고딕 대성당은 노동의 이상향이었다. 그러나 동시에 미술공예운동은 자본주의를 만나면서 그 생산성과 소비력에 의문이 제기되고 결국 낭만적이며 즐거움을 간직했던 노동 양식의 지속성은 담보될 수 없었다. 이때 독일은 헤르캄 무테지우스가 영국을 돌며 윌리엄 모리스의 미술공예운동에 영향을 받아 집필한 〈영국의 집〉 저작을 바탕으로 수공기술을 건축에 적용시키려는 '독일의 미술공예운동'을 펼치기 시작한다. 기존 윌리엄 모리스식의 미술공예운동이 가졌던 비현실적이고 이상향적 장인노동의 접근에서 한 발짝 물러나 기계공업과의 화해를 모색한 것이다. 이후 공예교육을 위한 목공과 금공의 조합 공방 등 공예학교와 공방을 갖추고 1907년 독일 공작연맹이 결성된다. 이 연맹은 공업제품의 향상을 목적으로 미술가·공업가·수공예가·판매업자를 결집시켜 다른 국가들과의 '생산경쟁에서 유리한 고지'를 차지할 것을 의도했다. 이것이 바우하우스의 설립철학에도 그대로 반영된다. 그것은 실제로 바우하우스에서 첨단기술과 공예가 공존하는 방식으로 나타나는데, 그것은 그로피우스가 1910년 A.E.G의 사장 에밀 라테나우에게 제시한 〈예술적 통일을 원리로 하는 종합주택건설회사의 설립계획〉이라는 각서에 잘 나타난다.
이 각서는 주택건축의 공업화를 강력하게 주장하면서 동시
에 손기술과 예술의 통합을 주장한다. 공업화 시대의 손기술
은 러다이트 시대가 보여주듯이 극렬한 모순 속에 있었으며
손기술의 소멸로 결말나고 있었지만, 바우하우스에서만큼은
그 두 가지가 서로 조화되고 통합되는 네트워크의 공간이었
다. 그것은 그의 각서에서 확인해볼 수 있다.

"알맞은 균형과 실용적 단순성 대신 화려함과 거짓 낭만주
의가 이 시대의 풍조가 되었다. 이러한 병적인 현상은, 일반
인이 집을 지을 때 건축을 건축 청부업자에게 맡기든 건축
가에게 맡기든 간에 불리한 입장에 놓이게 된다는 사실 때
문에 생긴다...시공하는 건축업자들은 비용을 절감하기 위해
질을 희생시켜가면서까지 공사를 마구 서두르고 있고 반면
에 설계만 하는 건축가는 비용을 늘리는 데에 관심이 있다.
왜냐하면 건축가들이 받는 보수는 총공사비에 의해 결정되
기 때문이다. 따라서 어느 경우든 손해를 보는 것은 고객 쪽
이다."

그래서 이와 같은 문제를 해결하는 방안으로 '표준규격의

건축자재를 대량생산하면서 동시에 예술과 기술을 통합시켜야 한다'고 그로피우스는 주장한다(Gropius, 1965: 19). 기존의 대공업생산체제가 가져온 노동의 극단적인 분업화를 극복하고 협업으로 나아가는 지점이 그로피우스 각서에서 확인되는 것이다. 그리고 그것은 공업화를 무조건 배척하는 것이 아닌, 공업화로부터 유래한 표준화의 가능성을 적극적으로 포용하고 있다. 이 부분에서 바우하우스가 근대적 건축에 공헌한 부분을 찾을 수 있는데, 바우하우스의 뿌리인 독일공작연맹의 일련의 경험, 즉 '추상'이라는 특징을 산업화라는 시대적 요구와 결부시켜 '표준화'로 이행시켰다는 점이다(오장환, 2008). 그로피우스는 "표준화는 문명의 발전에 장애물이 아니라 그와 반대로 그것의 직접적인 전제 조건들 중의 하나이다. 표준은 일반적 사용에 있어 그 드러난 형태들 간에 최상의 융합, 즉 디자이너들의 개인적 만족과 그 밖에 모든 비본질적 특성들의 제거로 시작되는 융합을 구체화시키는 단순화된 실제적 본보기로서 정의될 수 있다. 그것은 결코 건축가의 디자인 자유를 제한하는 것이 아니다. 최종생산물은 최대의 표준화와 최대의 다양성이 결합된 행복한 건축술이 되어야 한다"라고 했다. 그러면서 그로피우스는 "장난감 블록 상자처럼, 이것들은 건조상태에서 다양한 형태적 구성물들로 조립될 것이다. 따라서 그 미학은 우리의 물질적인 그리고 심리적인 요구 모두를 만족시킨다"고 했다. 이것이 바우하우스를 설립하는 지표가 된 영감이었다(Gropius, 1965: 33; 오장환, 2013). 특히 장난감 블록 상자의 강조는 어린이의 놀이와 같은 감정과 태도의 상태가 새로운 바우하우스의 이상적 융합상태임을 드러낸다. 실제 바우하우스는 프뢰벨처럼 놀이를 통해 어떤 비본질적인 것도 남아 있지 않은 순수한 상태의 기하학적 형태로 세계의 본질과 자아의 본질을 이해하고자 했다(김진경, 2005).[18]

바우하우스는 표준화를 기초로 근대 산업화 기계와 손을 잡으면서도 그것에 어린이의 순수한 감성을 결합시켜 이 둘을 결합시키는, 그래서 기술과 예술의 결합으로, 나아가 수공예까지 결합함으로써 자연스러운 인간성장과 완성을 기획했다. 이러한 융합의 목표는 1916년 바이마르의 빌헬름 에른스트 대공으로부터 건축교육을 미술대학에서 실시하는 것에 대해 자문요청을 받아 만든 문서인, 〈산업·상공업·공예를 위한 예술자문기관으로서의 교육기관 설립안〉이라는 문서의 요지에서 구체화된다.

✾

"오늘날 인간이 만드는 모든 물건은 대부분 손이 아닌 기계로 생산되고 있다. 따라서 형태의 형성과 그 발전에 책임이 있는 예술가는 근대적인 형태 디자인의 강력한 수단인 모든 종류의 기계와 손잡을 필요가 있다. 또 상공업의 모든 분야에서도 국제 경쟁에서 이기기 위한 방도로서 기술의 완벽성과 더불어 형태미에 대한 요청도 일어나고 있다. 제조업자들은 수제품의 고상한 질에 기계적 생산의 이점을 가미하도록 신경 쓰지 않으면 안 된다. 미술가와 기업가 및 기술자 사이에 작업공동체가 형성될 필요가 있는 것이다. 그런데 현실적으로 이들 사이에 간극이 있다. 따라서 기술적으로 경험이 풍부한 예술가들이 운영하는 국립교육기관이 있다면 제조업자들의 신뢰를 얻기가 보다 용이할 것이다. 그래서 이 학교에 입학하려는 학생은 공예를 공부한 적이 있거나 일정 기간 공장에서 근무했음을 증명해야 한다. 학교 선생들은 공장을 방문하여 디자인의 제품화 과정을 주의 깊게 지켜봐야 한다. 그리고 기술적 자질은 있으나 제도의 기초가 없는 학생은 특별제도반에 들어가서 예술적 디자인의 기본원리를 습득한 다음 실제로 작업을 하는 디자인실로 들어갈 수 있다. 제조업자 측에서는 학교가 경쟁상대가 될지도 모른다는 우려를 갖지 않아도 된다. 왜냐하면 학교는 제품을 시장에 내놓을 생각을 가지고 있지 않기 때문이다."[19]

그러나 시간이 흐르면서 초기 바우하우스가 취했던 유토피아적이고 급진적인 이념은 가라앉고 수공예를 중시하는 교육목표도 한계에 부딪히게 된다. 이후 바우하우스는 예술을 기존의 생산체계에 적용하면서, 1922년 전후로 그 방향이 바뀌어 보다 기하학적이고, 추상적이고, 기계생산에 적합한 쪽으로 흐르게 된다. 여기에는 네덜란드 데 스틸(De Stijl)의 영향과 러시아 구성주의의 영향이 컸다. 이런 경향은 1925년 학교를 바이마르에서 당시 가장 공업화가 진척된 데사우로 이전하면서 더욱 심화되고 고착(IFEZ, 2010)되어 이후의 바우하우스의 성격을 결정짓게 된다. 특히 바우하우스의 '예술과 기술의 새로운 통일'에는 예술과 기술의 역할분담과 협력에 대한 명확한 입장이 형성되는데 이것이 현대 디자인의 예술과 기술 통일의 바로미터가 된다. 그로피우스는 1923년 행한 〈예술과 기술의 새로운 통일〉에서 다음과 같은 내용을 강연에 담는다(Mindrup, 2014).

✳

"...우리는 물건을 정확하게 기능하도록 설계하기 위해서 우선 그 성질을 연구해야 한다. 기계역학·광학·음향학·에너지역학의 법칙뿐만 아니라 비례의 법칙도 물건의 성질을 연구하는데 도움이 되는 요소이다. 그것들은 지성세계의 문제이다. 여기서 정확성을 기하기 위해서는 의식적으로 개인적인 요소를 더욱 객관화하도록 힘써야 한다. 그러나 예술작품에는 모두 창작자의 서명이 붙는다. 똑같이 경제적으로 많은 해결책 중에서 창조적인 개인은 그의 개인적 감정과 기호에 맞는 것을 하나 선택한다."

그로피우스는 그 당시 개인적이며 영적인 표현을 강조하며 학생들의 인기를 한 몸에 받았던 잇텐을 경계하며 통합적 관점에서의 과학과 기술 그리고 예술을 조화시키는 입장을 다시 강조하게 된다. '물성과 법칙의 과학'과 '정확성과 객관성의 기술', 그리고 '개인성과 창조성의 예술'을 언명하며 이 세 영역의 통일성을 강조한 것이다. 이것은 〈중세 '고딕 대성당의 건축'이라는 노동의 이상〉과 〈모든 아름다움을 느낄 수 있는 민중의 권리〉 그리고 〈바우하우스 생존의 재정적 기반이라는 자본의 논리〉, 이 세 영역의 융합, 즉 영역 간의 교량화를 통해 바우하우스의 영향력을 지속하려는 그로피우스의 이념적 표현이었다.

바우하우스의 위기와 대처: 경계의 교량화bridging

그로피우스는 "학교는 공방의 하인이고, 그것은 언젠가 공방과 결합할 것이다. 그래서 바우하우스에는 대가, 숙련공, 그리고 견습생 말고 선생이나 학생은 없을 것이다. 중요한 것은 개체의 창조적 에너지를 위한 방법을 분명히 하는 것이고 그 개체들이 협동할 수 있는 객관적 기초를 확립하는 것이다. 결국, 이러한 통일성unity은 한 개체에 의해서 재현될 수 없고 수많은 사람들의 서로 조화된 집중된 노력에 의해서만 표현될 수 있다."(H. Wingler, 1980: 51; 오장환, 2013: 140)고 주장한다.

자본주의가 태동한 영국에서는 꽃피지 못한 '분업에의 극복'과 '협업으로의 전개'가 바우하우스의 정신에 나타난 것이다. 윌리엄 모리스는 영국에서 실패했지만 그 정신은 독일의 바우하우스에서 살아남았다. 바우하우스는 윌리엄 모리스의 중세 장인의 복원 의견을 받아들이면서도 대공업이 가져온 조건을 적극 활용하며 장인적 기술을 복원시켰다. 즉, 대량 생산되어 값이 싸진 제품을 규격화, 부품화하고, 그 덕택에 노동자가 충분히 조립하고 제조하는 것이 가능해짐으로써 장인의 손길, 장인의 손노동이 부활할 수 있다는 것이다. 이 것이 현대 마이스터제도의 태동이라고 할 수 있다. 마이스터 는 대량생산되고 기계에 의해 생산된 부품과 물건을 다룬다 는 점에서 중세의 장인과도 다르지만 그런 물건들을 통제하 고 조립하고 디자인한다는 점에서 중세 장인의 노동을 복원 하고 있다.

그러나 바우하우스 설립 당시 공방은 여건의 불비로 인해 공예교육을 시행하기 어려웠다. 1920년 봄 처음으로 예비과 정을 마친 학생들이 배출된 후 신임 마이스터들이 초빙되 어 공방교육이 시작되었다. 그러나 공방을 중심으로 한 바우 하우스의 교육과정과 작품활동이 본궤도에 오른 시기는 창 립 4년째인 1922년부터였다. 공예교육 프로그램을 모두 설 치하는 것은 예산의 제약으로 불가능했고 이것보다 더 큰 문제는 유능한 마이스터가 없었다는 데 있었다. 미적 조형 과 손기술 기능을 공히 가진 만능마이스터를 찾을 수 없었 던 것이다. 그래서 학생들은 수공예의 기능마이스터(Workshop

Masters)와 예술의 조형마이스터(Masters of Form)에게서 각기 지도받게 된다. 따라서 하나의 공방에는 두 사람의 마이스터가 소속된 셈인데, 실제에서는 제대로 시행되지 않았다(권명광, 1986: 47). 수공예와 예술 간의 간극은 넓었고 거기에 산업과 기술 영역까지 유입되면서 영역 간 갈등이 지속되었다. 바우하우스가 폐쇄된 직접적인 이유는 나치 때문이었지만, 또 다른 큰 이유는 그러한 내부갈등의 확전으로 외부로부터의 조직적 정당성을 확보하지 못한 이유도 있었다(Minahan, 2005).

영역 간 갈등은 예술과 공예의 조화를 추구했던 직조공방에서 많이 일어났는데, 특히 그로피우스가 1919년 〈공예로 돌아가자〉라는 선언에서 1923년 〈예술과 기술의 새로운 통합〉으로 그 슬로건이 바뀌면서 직조공방에서의 갈등은 더 격화된다. 직조는 가장 공예적인 작업인데, 1923년 이후 공예 대신 기술을 강조하는 통합으로 바뀌면서 공예의 수공예적 성격과 기술의 산업적 성격이 서로 대척하게 되는 것이다(Trinity Connelley-Stanio, 2014). 이는 바우하우스 학생들의 기록물에서도 나타나는데, 한 벽지 제작자 딸이 학교에 다니면서 그들 부모에게 절대로 바우하우스 교수들에게 자기 집안의 직업 얘기를 꺼내지 말라고 당부한 것도 그런 이유에서였다고 한다

(Whitford, 1984: 187). 수공예와 예술영역 간에도 융합보다는 알력이 훨씬 더 강했다. 바우하우스 내에 교수들은 대부분 예술가들이었으며 수공예장인(craftsmen)은 아주 적었다. 공방에 기능마이스터로 고용된 사람들이 전부였다(Whitford, 1984; Minahan, 2005). 그러나 공방에 소속된 마이스터라고 하더라도 존중받는 지위는 아니었다. 파이닝거는 "예술과 기술: 새로운 통합 – 새로운 바우하우스의 슬로건이다. 맙소사! 정말 수익을 내기에 미술에 기술보다 더 좋은 게 없을까? 진정한 기술자라면 예술과 혼합되는 것을 참지 못할 것이며, 아무리 위대한 기술적 업적이라도 신처럼 빛나는 예술의 생명력을 대신할 수 없을 것이다."라고 했다(Whitford, 1984; 진휘연, 2002). 직물공방의 리더였던 게오르그 무쉬Georg Muche와 직조공(weaver) 사이에도 불화와 불신이 상존했다. 무쉬는 직조일을 거부했는데, 무쉬는 다음과 같이 말했다.

"나는 바우하우스에 홀로 살며 일했다. 나는 모든 것을 포기했다. 화가의 일까지 포기했다. 조형마이스터로서 나는 몇 년 동안 직조 스튜디오를 지휘하면서 사고팔고, 공방에서 생산하는 일들에 얽혀 살았다. 나의 추상화 어휘들은 환상으로, 그리고 여직조공들의 손에서 노는 면사와 카펫 속으로 사라졌다. 나는 나 자신에게 약속했다. 이제는 결코 한 땀도 짜지 않고, 하나의 디자인도 구상하지 않겠노라. 이제부터는 오로지 내가 돌아갈 화가의 길을 위해 준비하고 있을 것이다."

무쉬는 공방과의 갈등이 끊이지 않았고 결국 사임했다. 물론 무쉬 뒤에 부임한 마르셀 브로이어Marcel Breuer나 모홀리 나기Moholy Nagy 같은 이들은 공방의 중요성을 더욱 강조했지만(Shiner, 2001: 379),[20] 이러한 공방작업과 예술작업 사이의 갈등은 바우하우스의 이상과 실현 사이의 갈등을 잘 보여주고 있다.

바우하우스, 디자인 민주주의를 말하다

부르주아만을 위한 예술품의 주문 제작과 화려한 장식을 특징으로 하는 이전의 아르누보Art-Nouveau가 19세기 후반까지 유럽 미술계를 지배했다면, 19세기 후반 미술의 가장 큰 변혁은 생산 기술의 변화였다. 새로운 미술 사조로서의 아르데코Art-Deco는 예술과 생산기술의 발전을 함께 받아들일 것을 주장하며 예술작품의 심미성, 기계적 대량생산, 기능성의 요소를 모두 갖춘 단순한 디자인의 중요성을 강조하였는데, 그 중심에 바로 바우하우스가 존재한다. 미술사에 있어 현대 조형의 개념을 낳은 독일의 바우하우스는 나치의 탄압으로 인해 개교한 지 14년 만에(1919~1933) 폐교된다. 그러나 이 14년의 짧은 바우하우스 역사는 전 세계 디자인 교육의 근본을 변혁시켰으며 그 영향력은 한 세기가 지난 지금까지도 유효하다(정예지, 2012). 바우하우스는 모든 수준의 건축가, 화가, 조각가들을 그들의 능력에 따라 교육시켜 유능한 공예사와 독립적인 창조적 미술가가 되게 하는 목표를 갖는다. 각 공방은 제품을 생산하는 기관만이 아니라 그 속에서 창조적 활동이 이루어졌다(조윤주·최지희, 1999).

공간은 그 자체 비어있는 어떤 것이 아니라 삶과 존재의 흔적을 통해서 하나의 의미 있는 공간이 된다(박영욱, 2010). 바우하우스는 그런 면에서 의미 있는 공간이다. 그곳에서 그로피우스는 윌리엄 모리스를 계승하여 손노동과 예술의 융합을 추구했으며, 동시에 그 경계를 허물어뜨리려 했다. 융합은 경계를 지우는 것이나, 경계를 완전히 지워버리면 그것은 복합적 융합이 아닌 일원적 지배로 쏠린다. 명확한 경계도 아니고 사라진 경계도 아닌, 흐릿한 경계가 중요하다. 빈곤지역의 수공예로써 그들을 디자이너로 만들어 빈곤을 탈출하게 만드는 것은 실현 가능성이 요원할뿐더러 어느 세계에도 안주하지 못하게 한다. 오히려 가난한 수공예가들의 기술을 첨단 디자이너의 기획과 결합하는 '흐릿한 경계'적 접근이 훨씬 더 의미 있다(Tung, F. W. 2012). 무경계 지향과 경계의 소멸은 '기존 지배자에 의한 전일화'라는 의도하지 않은 결과를 낳기 쉽다.

가르비노 휴지통으로 유명한 세계적인 디자이너 카림 라시드는 "무절제, 시장의 유혹, 지속 가능성 부족 등에 대한 대안으로 모든 물건은 반드시 세 가지 물건을 대신할 수 있어야 한다"고 했다. 1만 5천 원짜리 가르비노 휴지통은 꽃병으로, 우산꽂이로, 가방으로 활용될 수 있다. 이른바 디자인 민주주의다(임종업, 2008). 디자인 민주주의가 실현되려면 경계를 없애는 것(extinct)이 아니고 경계를 흐릿하게(blurring) 해야 한다. 휴지통과 꽃병의 구분이 없어지는 것이 아니고, 휴지통과 꽃병이 그 기능을 유지하면서 그 경계가 흐릿해지는 것이다. 같은 모양이어도 휴지통과 꽃병은 쓰임새가 다르고, 놓이는 자리가 다르다. 예술가와 장인은 어떤 차이도 없애겠다는 무경계의 급진성보다는 경계를 흐릿하게 하는 것이 중요하다. 경계를 흐릿하게 하는 것은 그 둘의 차이를 인정하고 서로 협력하며 타인의 영역을 존중해주는 것이다.

바우하우스의 정신적 전통이었던 윌리엄 모리스는 아르누보를 찬탄했다. 그러나 아르누보의 장식성은 결과적으로 높은 가격을 가져와 부르주와만이 아르누보를 즐길 수 있었다. 물론 아르누보는 장식을 강조하면서 귀족을 복원한 것이 아닌, 원래의 생산 주인공이었던 노동자에게로 모든 공을 돌려주려 했다. 이른바 '아르누보 민주주의'이다(민유기, 2009). 그러나 아르누보 민주주의는 실패의 운명을 안고 있었다. 구매력의 차이가 존재하는 불평등의 사회에서 아르누보의 정신은 실현될 수 없었고 결과는 특정계층의 향유로 귀결되었다. 바우하우스는 그런 아르누보의 중세적인 수공예 전통은 계승하면서도 그것이 가졌던 민주주의적 한계를 직시하였다. 인간의 손노동과 아름다움 그리고 그것의 대중 향유를 모두 포용할 수 있는 상품을 바우하우스는 추구했다. 그리고 그것은 큰 성공을 거두기도 한다. 바우하우스 최초의 상용화 성공작이 도자기 공방에서 나왔다는 것이 그것을 방증한다. 도자기는 모든 제품 중에서 가장 아름다움에 민감한 제품이며, 동시에 수공예적인 전통을 최대로 살릴 수 있는 제품이었다. 바우하우스는 이러한 도자기를 바우하우스 공방에서 모듈화된 디자인과 표준화된 생산공정과 결합하여 대량생산에 성공한다.[21] 도자기 장인(기능마이스터)과 도자기 디자이너(형태마이스터)의 긴밀한 협력과 제품화 노력이 성공을 거둔 것이다.

이제 현대는 이러한 바우하우스의 협력정신을 다시 활성화할 수 있는 기회를 얻고 있다. 아르누보에 대한 재평가 이후[22] 4차 산업혁명의 핵심기술인 3D 프린팅 기술의 발달로 수공예와 디자인이 결합될 가능성이 점차 커지고 있다. 사무용 의자만 하더라도 복잡한 부품의 의자를 내가 직접 골라 주문까지 할 수 있다. 지식을 공유하는 것도 가능하다. 서로 다른 영역의 특정한 지식과 정보를 공유하면 내가 직접 영상을 만드는 '시각적 민주주의visual democracy'(Anscombe, 1987)를 넘어 집을 배치하고 장식하는 '위키하우스Wiki-house'까지 가능하다. 다빈치에 의해 예술과 기술이, 미켈란젤로에 의해 예술과 공예가, 그리고 바우하우스에 의해 예술과 공예에 산업과 소비자까지 더한 협력이 구현되었듯이 경계를 흩트리고 융합하는 디자인 장인들의 협력이 디자인민주주의를 구현하고 있다. 새로운 기술은 그 기술에 지배당하는 개인도 산출하지만, 다른 한편에서 그 새로운 기술을 다시 통제하려는 '자유로운 개인'의 인간기술, 즉 창작도 존재한다(자크엘루, 2011). 그들이 바로 바우하우스 예술가들이며, 그것을 산업과 결합시키면 마이스터가 된다.

우리는 기계와 소통해야 한다. 처음부터 우리가 공허하다면, 기계는 우리를 더 공허하게 만들 것이다. 처음부터 우리가 수동적이고 풀 죽어 있다면 기계는 우리를 더욱 무력하게 만들 것이다. 우리는 한 단계 높은 역동적 융화 속에서 예술과 기술을 통합할 가능성에 대한 희망을 포기할 수 없다(멈포드, 2013: 472). 그러한 통합에의 희망은 자유롭게 느슨한 구조를 그려 색채에 운동감을 부여한 로스코의 검정과 같다. 로스코의 검정과 같은 예술과 기술의 통합은 경계를 넘나드는 자유로운 개인의 협력과 확산, 즉 민주주의의 확장을 상징한다.

6. 꼼빠뇽, 여행하는 장인

'꼼빠뇽 제도(compagnonnage)'는 기술장인이 되고자 하는 이들을 지원하고 교육하는 특별한 프랑스의 제도이다. 기원을 정확히 알 수 없으나 이 제도는 중세시대, 대략 1200년경부터 시행되었던 것으로 알려져 있다. 물론 지금의 숙련된 장인들은 루이뷔통, 에르메스 등 대개 명품 제조 기업의 인력으로 흡수된다. 반면 꼼빠뇽은 명품 대기업의 논리와는 일정한 거리를 두고 장인들에게 전통의 기술을 익힐 기회를 제공한다. 꼼빠뇽 제도는 장인 훈련과정에서 환대, 공동체, 연대가 지니는 의미, 직능개발 과정의 효율성 등 제도의 교육적·사회적 효과를 중시한다. 꼼빠뇽 제도의 이러한 훈련

메커니즘은 기존 자본주의 기술훈련과 구별되면서 유럽의 젊은이에게 매력적인 요소로 부각되고 있다(Malloch, H. etc., 2005). 유네스코는 2010년 꼼빠뇽 제도를 유네스코 세계문화유산으로 지정했다. 유네스코의 보도에 따르면 꼼빠뇽은 단순한 어제의 문화유산이 아니라 오늘의 주요한 문화현상이기도 하다(UNESCO, 2010).

꼼빠뇽 제도의 역사, 기억, 조직에 대한 가장 포괄적인 연구서의 하나를 펴낸 이체르는 꼼빠뇽 장인이란 기술직에 종사하고 있는 양화 가능한 어떤 직인들을 일컫는다고 정의했다. 이들은 삶의 한순간을 특정한 조직(꼼빠뇽 단)에 강력하게 결부시킨 이들이다. 삶의 헌신을 요구하는 이 단체는 그러나 수도원 등의 종교 단체와 구별되는 세속 단체로서의 성격을 시종일관 지니고 있었다. 프랑스 내에 지망자를 맞이하는 숙소를 소유하고 있는 꼼빠뇽 단은 프랑스를 일주하는 지망자를 훈련시키고, 사회화시키며, 배치하는 역할을 모두 수행했다(Icher, 1999). 브리예와 위렝은 꼼빠뇽 협회가 궁극적으로 의례, 커뮤니티, 기술의 전수, 사명(Devoir), 등의 가치를 중시하는 직능 능력(employabilié) 기관이라고 규정한다(Brillet F., Hulin, A. 2009). 꼼빠뇽 제도의 사회학적 의미를 탐구한 노나카와 타쿠치(Nonak, Takeuchi, 1997)는 꼼빠뇽 제도가 '전승'이라는 역할을 중심으로 조직되어 있다고 주장했다. 전승은 직업적 전환의 과정을 통해 완성된다. 노나카와 타쿠치는 꼼빠뇽 제도에서 직업적 전환을 구성하는 네 가지 요소로 내면화, 결합, 외면화, 사회화를 꼽았다. 고등학교 졸업반 정도의 나이가 대부분인 훈련생들이 젊은 견습생(l' apprenti), 후보생(l' aspirant) 시절을 거쳐 꼼빠뇽(compagnon) 장인이 되기까지 1년에서 3년의 훈련과정을 거친다. 그러나 의례와 관계의 형성을 강조하는 꼼빠뇽 제도에서 장인이 되는 과정은 일반 교육기관의 기술훈련과정과 차이를 갖는다.

꼼빠뇽 드 드부아 협회는 파리와 지방에 여러 센터를 소유하고 있다. 견습생은 우선 교육센터에서 평균 2년간 산학협동체제의 견습훈련과정을 이수한다. 산업체에 6주간 근무한 후 협회의 교육센터에서 2주간 교육을 받는 시스템이다. 이 과정을 수료하면 프랑스 공통의 기술자격증(CPA, Certificat d' aptitude professionnelle 또는 BEP, Brevet d'études professionnelles) 취득을 시도할 수 있다. 꼼빠뇽 협회의 센터에서 교육을 받고 자격증을 취득한 이들 중 지원자에 한하여 꼼빠뇽 제도 특유의 훈련과정이 시작된다. 이들을 후보생(l' aspirant)

이라고 칭한다. 후보생이 되는 과정은 '귀의 의식(cérémonie d'adoption)'으로 시작된다. 프랑스 전역을 돌며 꼼빠뇽 직위에 도전할 수 있는 장기 연수 과정은 '프랑스 일주(tour de France)'라고 불린다. 후보생은 프랑스 전역을 돌며 이들을 받아들이는 다양한 사업장에서 일하며, 기술적 완성도를 위해 매진한다. 성취도에 따라 다르나 대략 4년간 여러 지역의 사업체에서 기술을 연마한다. 사업장은 보통 1년에 한 번에서 두 번 정도 바뀐다. 여러 지역 순회 시 후보생들은 꼼빠뇽 협회가 운영하는 '집(maison)'에서 공동체 생활을 영위한다. 경험을 쌓고 완성도를 단련하는 일주 과정은 꼼빠뇽 제도의 가장 큰 특징이라 할 수 있다. 기간이 정확히 정해져 있지 않은 이 과정을 거치며 자신의 기술적 숙련도가 장인의 경지에 올랐을 때 후보생은 이를 평가받을 수 있다. 이 평가를 통과한 후보생은 이제 꼼빠뇽이란 직위(title of compagnon)를 얻게 된다. 꼼빠뇽 직위를 얻는 단계는 '수용(réception)'이라고 칭해진다. 꼼빠뇽 직위를 취득한 이후 이들은 다시 '여행자 꼼빠뇽(compagnon itinérant)'으로 지망자와 같은 조건에서 일 년에서 이 년 정도 여행을 계속하며 각지의 젊은 후보생들의 교육을 담당한다. 이후 '정주화'의 단계에 진입하여 '정주하는 꼼빠뇽(compagnon sédentaire)'이 되어 자신의 거처에서 창업과 작업장 생활을 영위한다. 이때에도 꼼빠뇽들은 지속적으로 자기 지역의 꼼빠뇽 숙소에서 훈련받고 있는 후보생들과 지속적인 교류를 갖는다. 견습, 귀의, 수용, 정주화라는 각각의 단계는 꼼빠뇽단 고유의 언어로 체계화된다. 꼼빠뇽 제도란 이처럼 하나의 단계도 생략될 수 없는 '여정'이며 사명의 총괄적인 배움, 내면화 및 전승의 과정이다(Guédez, A., 1994).

후보생으로 각지를 여행하는 과정의 독특성 이외에도 이 제도를 운영하는 단체들은 후보생들 사이의 동료애(brotherhood of craft)와 다양한 의례의 준수를 강조한다. 이 과정은 꼼빠뇽 제도가 무엇보다 '사명(Devoir)'의 개념을 공유한 이들이 직업적 정체성을 획득하는 과정임을 보여준다(Icher, 1999). 동서고금을 막론하고 장인 문화에서 협업을 경험할 수 있는 '작업장'의 생활은 일과 일상생활에서 가장 핵심적인 부분이다. 세넷은 작업장을 일종의 '문화적 장소'라고 칭하며 작업장은 고대 이래 언제나 정교한 사회적 의례를 개발해왔다는 점을 강조한다. 작업장의 의례는 '정치적 제휴처럼 밀실에서 수행되기보다는 불평등한 파트너들 즉, 각 작업장의 마스터, 직인, 도제들 사이의 임무를 공적으로 표시하는 의례'이다. 가령 중국인 마스터는 새로 도제가 들어올 때 그 부모에게 자신이 양부모처럼 그 아이를 보호하겠다고 매우 진지하게 맹세한다(Sennett, 2012). 꼼빠뇽단의 훈련과정에 참여하는 견습생들은 작업장뿐 아니라 견습 여행지의 센터에서 또 다른 작업장을 구성한다. 이들은 여행과 숙련의 기간 동안 센터에서 야간 학습 및 공동생활을 영위하며 '타인에 대한 직접적이고 구체적인 체험'이라 할 삶을 영위한다. 선배 꼼빠뇽은 이 과정에 깊숙하게 관여한다. 이들은 견습생에게 지식을 전수하고, 이들이 이루어낸 숙련을 존중하며, 엄밀하게 평가하는 역할을 담당한다. 꼼빠뇽 센터에 지방생을 맞아들이는 '환대', 하나의 '직능'을 갖추게 되는 것, '공동체의 삶'을 영위하기, 완성을 위해 '여행'하기, 습득한 것을 '전수'하기 등의 지점이 기존 장인훈련기관의 일반적 특성과 꼼빠뇽 제도를 구별하는 지점이다(Nonaka, Takeuchi, 1997; Brillet, Hulin, 2009).[23]

이렇듯 꼼빠뇽 제도는 단순히 취업훈련기관을 넘어 동료애와 학습 상호순환의 요체이다. 꼼빠뇽 제도에 참여하여 프랑스 디종 숙소에 머물고 있던 영국 출신 견습생은 이렇게 말한다.

"꼼빠뇽단을 모르는 사람에게 한마디로 설명하기란 쉽지 않습니다. 프랑스에서도 꼼빠뇽단에 들어갔다고 하면 어떤 분파(sect)에 들어가서 하나의 브랜드를 얻는 것으로 생각합니다. 가장 낮은 수준에서부터 기술을 배워나가지만, 또 학교라고만 말하기도 어려워요. 가족 같은 면이 아주 강하거든요. 꼼빠뇽을 한마디로 말할 수는 없을 것 같습니다. 아마 인생에서 가장 큰 경험을 하는 곳이고, 꼼빠뇽에 참여하면 꼼빠뇽단의 견습이 끝난 후 인생에 가장 큰 기억에 남는 '그 무엇 something'이라고 하는 것이 가장 맞을 것 같습니다."(Malloch, Kleymann, Angot, Redman, 2005)

꼼빠뇽이라는 '무엇'에 대한 증언은 꼼빠뇽 제도와 뗄 수 없는 '사명'의 차원을 복기시킨다. 사명은 중세의 길드 같은 동직조합이 지녔던 직업 공동체의 면모나 현대사회 일반 기업체의 조직구조 이상의 어떤 성격을 구성한다(Brillet, Hulin, 2009). 꼼빠뇽 제도와 협회, 꼼빠뇽단은 서로 의기투합한 사람들이 모여 일상에서 실천하는 '운동movement'의 실행자

❋

이며 결과물이다. 꼼빠뇽 제도의 운영자들은 꼼빠뇽 제도가 직업훈련기관으로 규정되기보다 '숙련과 배움'을 삶에 결합시키는 '인간주의 운동'으로 간주되기를 희망한다.

꼼빠뇽 드 드부아 협회가 훈련과정을 개설하고 있는 직종은 25개에 달하며 2015년 현재 매년 7,500여 명의 젊은이들이 협회가 개설하고 있는 훈련과정에 새로이 진입한다. 2010년을 기준으로 약 일만여 명이 산학협동연수과정에서부터 프랑스 일주 연마과정까지 다양한 수준에서 훈련을 받고 있다. 또 3,000여 명이 프랑스 전역 일주 과정에서 훈련을 받고 있다.[24] 현재 프랑스 전역에 지망생들이 공동생활을 영위하는 약 50여 개의 숙소가 있으며, 유럽과 해외에도 몇몇 숙소가 존재한다.[25] 이 숙소에서 적게는 5명에서부터 많게는 100여 명의 지망생들이 공동으로 생활을 한다. 이들은 숙소가 산재하고 있는 지역 소재 기업의 작업장에서 일한다. 각 숙소에서 규율을 담당하는 책임자의 공식직함은 '관장(Prévôt [26])'과 '어머니(Mother)'이다. '관장'이나 '어머니'뿐 아니라 선배 꼼빠뇽 역시 지망생들을 돌본다. 돌봄은 기술 및 관련 학업의 지도를 포괄한다. 숙소에서의 수학과 정보통신 교육은 평일 저녁과 주말에 집중된다. 협회의 운영자들은 이러한 이론과정의 학습이 현장에서 일하고 있는 지망생들에게 얼마나 유용하며, 이들이 이러한 이론의 학습에 얼마나 잘 동기화되어 있는지 강조한다. 이들은 경험을 통해 지식을 터득하는 이들로, 이론 학습의 목표와 동기를 정확하게 이해하고 있다는 것이다.

꼼빠뇽 제도에서 숙소(lodge)는 남다른 의미를 지니고 있다. 선배 꼼빠뇽이 후배 지망자들의 배움에 개입하는 이 장소는 동료애의 장소이며 기술과 지식의 전수가 일어나는 '지식의 공간(place of knowledge)'이다. 툴루즈 숙소에서 훈련 중인 한 영국 견습생의 언급은 이를 입증한다.

"이 작업소에는 미셸과 시몬이라는 견습생 둘이 있는데, 그들은 적응훈련을 하고 있는 중으로 이는 거의 끝나가죠. 그들이 실패할 것 같나요? 내 생각에는 아니에요. 그들이 투자하는 시간과 그들이 받는 도움의 양을 봤을 때, 실패할 리 없죠. 지난 밤, 시몬은 난관에 봉착하자 사수가 시몬을 좀 도와줬어요. 사수는 시몬을 위해 금속을 자르고 구멍을 만들었어요. 만약 도움이 필요하면 도움을 받을 수 있어요. 당신도 알겠지만, 이것은 한 사람의 일이 아니라 우리 모두의

일이랍니다."(Ben, UK Apprenti, Toulouse House)

꼼빠뇽과 중세의 건축

꼼빠뇽 제도 및 운동의 시초는 정확하게 알려져 있지 않다. 그러나 역사학자들은 꼼빠뇽 제도가 중세 유럽의 주요한 작업장이었던 거대 성당 및 도성 건축과 관련하여 발전해나갔을 것으로 추측한다. 성서에 등장하는 예수의 예루살렘 신전의 목수들은 초기 꼼빠뇽을 수호하는 성인이자 모델이었다. 성당 건축은 고층, 장식, 석재 등의 종합적인 기술력과 예술적 고려를 요청했다. 가장 뛰어난 기술 수준을 가진 장인들이 성당 건축에 참여했다. 당시 길드 조직은 소속된 장인들의 이탈을 금하는 폐쇄성을 지니고 있었다. 이 폐쇄성은 장인 각자의 기술 수준 향상 및 지식의 전수를 저해하는 요소로 작동한다. 각각의 장인들은 자신의 마스터에게 도제식 지식 전수를 받는 것에 그쳤기 때문이다. 반면 유럽 전역에서 벌어진 성당 건축으로 건축현장에 참여하는 장인들의 여행은 빈번해진다. 여행을 경험한 장인들의 기술 수준은 각지 작업장의 경험으로 신장된다. 꼼빠뇽 제도의 출발을 성당 건축과 연결 짓는 이들이 특히 주목하는 지점이다.

1200년경부터 유럽 각지에서 축조된 교회는 많은 경우 대규모 공사를 요청하는 고딕 양식의 성당들이다. 이들 중세 대성당 축조 작업은 수백 년을 소요, 한 사람의 일생이 끝나도록 완수되지 않는 규모다. 고딕 양식의 성당 건축은 높은 첨탑과 화려한 장식을 가지고 있어 보다 긴 공사 기간을 요구했고 뛰어난 기술력과 예술적 수준을 갖춘 장인들을 요구했다. 실제로 많은 성당이 건축 과정에서 붕괴를 경험하였다. 이러한 경험은 더 나은 건축기술에 대한 열망을 불어넣었다 (Toman, 1999). 이에 따라 복합적이고 종합적인 경험지식을 요구하는 고딕 양식 성당 건축의 요구와 여행을 경험한 장인들의 숙련도에 대한 요구가 서로 조응하게 된다. 도제의 틀을 벗어나 다른 지역의 건축 현장 경험을 익힌 장인들은 계속 숙련된 기술과 획득된 지식을 다른 지역의 장인들에게 전파했다. 12세기 이후 유럽의 많은 고딕 성당들의 성공적인 축조를 가능하게 한 고도의 기술자들은 많은 경우 꼼빠뇽 제도 및 정신의 수혜자인 셈이다.

맥컬레이가 기술한 〈고딕 성당〉에 대한 소묘는 고딕 성당과 꼼빠뇽 정신의 관계를 유추할 수 있는 또 하나의 자료이기도

❀

하다. 맥컬레이는 프랑스 쉬트로의 가상의 성당 건축 과정을 묘사하며 중세 고딕 성당을 이렇게 나타냈다.

"벼락이 떨어져 대성당이 심하게 손상을 입은 후인 1252년, 프랑스 쉬트로 사람들은 새로운 대성당의 건립을 시작했다. 이렇게 프랑스에서 가장 길고, 가장 넓으며, 가장 높고, 가장 아름다운 대성당을 짓기로 결심한 데는 또 다른 이유가 있었다. 그 무렵 인근 아미앙, 보베, 루앙에서도 대성당을 만들고 있었는데, 쉬트로 사람들은 지상의 일은 물론이고 하늘의 일에 있어서도 결코 남들에게 뒤지고 싶지 않았기 때문이다. 대성당을 짓는 데는 수많은 사람들의 노고와 그들의 인생보다 더 긴 시간이 필요한 경우가 많았다. 대성당이 완공되려면 100년 이상이 걸릴지도 몰랐다. 그러나 수백 년 동안 교회를 통해 하느님이야말로 자신들의 삶에 대하여 가장 큰 권능을 가지고 은혜를 내린 존재라는 가르침을 받아 왔던 그들에게 하느님에게 바치는 건물을 짓는 데 100년 이상이 걸리는 것 정도는 전혀 문제가 아니었다. (...) 마침내 종루 안에 종이 달리고, 마지막 조각품이 벽감 안에 올려지자 대성당이 완성되었다. 고딕 양식의 성당에서는 가장 길고,

가장 넓으며, 가장 높고, 가장 아름다운 대성당을 짓는 것이 건축가들의 목표였다. (...) 지붕을 짓는 데 쓸 커다란 목재는 북유럽, 스칸디나비아에서 주문했다. 벽돌 하나하나 수평과 수직을 재면서 철저하게 놓았다. 견고하게 벽돌들을 붙이기 위해서 회반죽에는 특수한 재료를 섞고 버팀벽을 세우거나 벽을 이중으로 만드는 일도 잊지 않았다. 벽을 올리고 종을 제자리로 옮기기 위해 특수한 장치들이 고안되고 설치되었다. 지루한 시간이 흐르는 동안 쉬트로의 주교가 세상을 떠나고, 새로운 주교가 취임했다. 사람들은 어려움에도 굴하지 않고 계속 성당 짓는 일에 전념했다. 그리하여 이들은 1252년에 건립이 결정된 대성당의 결실을 1338년에 보게 된다."

(Macaulay, 2008)

고딕 건축은 하나의 신에게 경배하기 위한 작품의 수준으로 고양된다. 그것도 인간의 손을 거친 작품이다. 러스킨은 장인의 숙련도를 요구했던 고딕 건축이 결과적으로 장인 역할의 중요성과 위상을 높였다고 주장했다. 동업자 조합의 폐해가 심해질수록 높은 기술 수준을 지닌 장인들이 꼼빠뇽단에 투신하는 일은 빈번해졌을 것이다. 특히 특정직종에 국한된 길드의 동업조합이 아닌, 건축, 석조, 목수 등 그 기원부터 다방면의 장인들이 모인 꼼빠뇽 드 드부아단에서 지망생과 장인들은 자신들의 기술을 교환하고 전수하고 학습하는 체제를 갖춤으로써 이종분야의 지식교환과 지식공유의 시원적 형태를 확보한다.

그렇다면 중세의 유물로 쉽게 인식되곤 하는 장인들의 문화를 전승하는 집단이라 할 꼼빠뇽 집단이 어떻게 중세 이후 800년이 지난 오늘날까지 존속할 수 있었을까. 장인들이 중세를 거쳐 근대산업혁명기를 지나 디지털 컴퓨터 혁명 시기까지 기술이 급변하는 시대에 중세의 장인 단체가 그 실체의 변화 없이 꾸준히 존속하였다는 것은 거의 기적에 가깝다. 그것은 태동기부터 꼼빠뇽 장인운동이 가진 독특한 특성이 변함없이 유지되었기 때문일 것이다. 그것은 여행하기, 여행 시 집단 공동체의 유지, 선후배 사이의 우애 등을 특징으로 하는 꼼빠뇽의 독특한 특징 때문일 것이다.

꼼빠뇽과 여행

꼼빠뇽 견습생의 여행[27]은 기존의 여행과는 다르다. 여행을 통해 배운다고 하지만, 그 여행의 지속시간이 1년 이상인 점은 일반적인 장인 견습 과정과 비교해 봤을 때 완전히 다른 점이다. 오랜 시간 마스터와 함께 있을 때 장인이 되고자 하는 이는 마스터의 내밀하고 암묵적인 지식을 배울 수 있다. 그러나 지나치게 오랜 시간의 밀접한 관계 형성은 인격적 예속과 기술적 종속을 낳을 우려가 있다. 최고의 기술이 어떤 한 개인(스승)에게서 유래할 때, 이 관계의 종속성은 더욱 심화될 수 있다. 더구나 관계의 지속성과 폐쇄성은 시대 변화의 반영을 어렵게 만드는 요소이기도 하다. 그래서 여행을 통해 1년 동안 한 지역에서 머물며 '마스터 밑에서의 1년간의 훈련'을 통해 마스터의 핵심적 기술 소양을 훈련받고 떠나는 방식은 인간적 예속을 예방한다. 자신의 평판을 마스터 1인에게만 귀속시키는 문제를 벗어나는 것이다. 또한 1년의 훈련과정은 인간적 네트워크의 가능성을 열어 놓는다. 이는 지망생에 대한 평판에도 중요한 영향을 미친다. 꼼빠뇽 지망자는 공동체 내의 익명적 타인으로부터도 타당한 평판을 쌓아야 하기 때문에 자신의 인성과 능력에 대한 객관적인 수준을 향상시키기 위해 노력하게 된다. 이는 장기간의 예속 과정에서 나타나는 마스터에 대한 무한한 충성이나 인격적 예속이 있었다면 불가능한 일이다. 실제 중세의 장인 코스는 10여 년의 긴 시간을 장인과 한 공간에서 지내야 했고 장인과 견습생은 서로 '가족'과 같은 관계였으며, 대부분이 장인의 딸이나 조카와 결혼하거나 장인이 죽은 후 그 미망인과 결혼하는 경우도 있었다. 전문기술이 가족공동체만을 중심으로 전수되어 가족이 깨지면 카르텔이 깨지는 것이었다 (예술의 전당, 2015). 기존의 길드 장인이 동직조합을 통한 공동체의 규약을 만들었음에도 기본적으로 동일 마스터의 아틀리에에 과도하게 예속된 견습생을 상정한 탓에 공장제 시대 매뉴팩처와의 경쟁에서 패했던 사실은 이러한 경향을 반영한다. 매뉴팩처의 상품은 예속된 장인의 상품보다 질적으로 더 우수했다.

그러나 꼼빠뇽의 경우는 다르다. 꼼빠뇽 지망생의 여행은 타 도제 및 기업과의 넓은 네트워크 형성을 용이하게 하고, 지식의 상호교류를 촉진했다. 공유되는 지식의 수준이 높아지고, 제작된 상품에 대한 수준 통제가 보다 더 용이해지면서, 상품의 질이 담보되었다. 꼼빠뇽은 기존 장인처럼 기존 기술의 보존을 중시하는 대신 기술 혁신의 가능성에 보다 더 예민한 집단으로 자리매김하게 된다. 이는 매뉴팩처 및 기계식 공장제 생산품과의 경쟁으로 내몰리는 오늘날 장인 집단에 중요한 시사점을 던져준다.

꼼빠뇽 지망생의 여행에는 원칙이 있다. 우선 지망생을 참여기업들이 받아들여야 한다. 여행은 단순히 노스탤지어를 자극하는 수준이 아닌, 지식의 저장고가 넓어지는 과정이어야 한다. 사실 이러한 여행은 자기가 태어난 고장에서 자라고 일자리를 얻는 프랑스 사람들의 정서와 맞지 않는다. 물론 오랜 여행을 끝내지 못하는 사람들도 다수 존재한다. 그럼에도 꼼빠뇽과 참여기업들은 그러한 여행이 활발한 지식 순환으로 이어지기를 기대하고 있으며 그러한 전제하에 여행의 원칙을 받아들이고 있다. 꼼빠뇽에 참여하는 젊은이들에게 젊은 시절의 긴 여행은 자기 전체 인생에 큰 의미로 남는다. 이 세상 어떤 공동체에서도 체득하기 어려운 특이한 경험이다. 또한 이러한 여행은 주마간산의 여행이 아니다. 꼼빠뇽이 되고자 지망하는 이들의 여행은 '마더'가 있는 숙소를 중심으로 지식의 허브에 새로운 네트워크망을 확장하는 역할을 한다. 결국 꼼빠뇽은 '약한 유대를 통한 정보와 지식의 흡수', 그리고 '강한 유대를 통한 감정적 지지의 획득'이라는 두 마리 토끼를 여행을 통해 모두 잡고 있다.

✼

그러나 꼼빠뇽 운동을 이끌어가는 이들은 지금 페이스북, 트위터의 시대에도 이러한 긴 여행과 공동체 생활을 받아들이는 젊은이들이 계속 지속될지 의문을 표하기도 한다. 에르메스와 루이뷔통의 나라 프랑스의 장인들은 그와 같은 대기업에 소속되어 안정된 삶을 누리기를 원하기도 한다. 그러나 이에 대해 꼼빠뇽 드 드부아 협회의 부총재는 확실히 선을 그어 말한다. 꼼빠뇽의 공동체 생활에서의 도덕적 책무가 오히려 사람들을 꼼빠뇽 운동으로 이끈다는 것이다. '극도로 경쟁적인 자본주의 체제하에서 오히려 그것에 회의하고 저항하는, 그러면서 무정부적이기보다는 자기만의 기술을 익히고, 자아를 일에서 실현시키려는 이들, 그리고 이를 공동체 성원들과 공유하려는 욕구를 가진 사람들'의 참여가 계속되고 있기 때문이다.

꼼빠뇽 협회는 오랜 전통, 전수, 연결, 공유 등의 기조를 유지하며 꼼빠뇽 고유의 정체성을 중시하지만 늘 새로운 전문성을 찾기 위해 세계의 변화에 영향을 받는 각 직종의 상황을 파악하고 노동환경의 변화에도 긴밀히 대처하고 있다. 꼼빠뇽 드 드부아 협회는 급변하는 기술 환경에 꼼빠뇽들이 적응할 수 있는 여러 기획을 제안한다. 이들은 우선 급변하는 기술과 수요에 부합하는 훈련을 제안하여 미래의 꼼빠뇽들에게 더 넓은 프레임을 제공하려 한다. 협회는 이를 위해 '미래의 직업(Le Devenir des Métiers)'이라는 기획단을 조직했다. 이 기획단은 21세기의 변화하는 기술과 수요에 능동적으로 대비하는 임무를 수행한다. 이를 위해 최근 컴퓨터 지식 등 엔지니어 수준의 지식을 갖추는 방식의 교육환경 변화에 집중하고 있다.

여행이라는 훈련의 과정이 함의하고 있는 전수와 전승의 꼼빠뇽 운동 정신은 오늘날 꼼빠뇽 협회가 조직하는 여러 대중교류사업에서도 잘 드러난다. 꼼빠뇽 협회가 큰 중요성을 두는 출판사업은 꼼빠뇽의 문화를 보존 전파하고, 유명 꼼빠뇽의 사례를 알리기 위한 목적을 띠고 있다. 이들의 작업과 삶에 관련된 전시회를 개최하는 사업이 정기적으로 시행되고 있는데, 이는 장인 문화에 대한 자긍심, 가치, 기여를 세상에 알리는 수단이다.[28] 최근에는 프랑스 몇몇 지역에 꼼빠뇽 박물관을 설립하여 꼼빠뇽의 살아있는 문화를 부각시키고 꼼빠뇽의 정체성을 이해할 기회를 제공한다.

구상과 실행의 결합

꼼빠뇽의 또 다른 핵심 가치는 구상과 실행의 결합이다. 사고능력과 손노동이 한 명의 인간에서 결합된다는 장인 문화의 전통은 꼼빠뇽 운동에서도 확인된다. 초기자본주의의 러다이트 시절부터 지금까지 기계와 기술의 개발은 숙련노동자의 손노동 비중을 실질적으로 감소시켰다. 이제 인공지능 기술은 의사나 교수 같은 최고 전문직의 두뇌 역할마저 빼앗고 있다. 브레이버만이 이미 탈숙련화 테제를 선도한 이후 1958년 하버드 경영대학원 교수 제임스 브라이트(James Bright)는 〈자동화와 경영Automation and Management〉에서 "기계가 자동화되면 될수록 그 기계를 조작하는 사람이 해야 할 일은 더욱더 줄어드는 것 같다"라며 탈숙련화 테제를 재확인했다. 그런 면에서 최근 에치Etsy 등 웹 수제품 전자상거래 사이트의 부상은 수공업이 경제발전의 새로운 견인차라기보다는 저성장과 저고용의 환경에서 형성된 비공식 자영 부문의 과대화와 그것이 제조수공업으로의 인력 유입을 불러일으킨 요인일 가능성이 더 높다. 그런 면에서 본다면 수제 산업과 수제 장인들은 안정된 창조계급이기보다는 경제적으로 불안정한 지위에 처해있다고 볼 수 있다(Jakob, 2013).

마찬가지 이유로 꼼빠뇽 장인은 첨단의 시대에 안정된 직장이거나 직종이 아니다. 시대의 큰 흐름을 타고 경제적 부를 창출하는 신흥계급도 아니다. 오히려 이미 러다이트로 붕괴된 숙련노동자에 대한 향수에 지나지 않을 수도 있다. 그러나 꼼빠뇽은 그 오랜 세월을 존재해왔다. 고성장과 저성장, 노동자의 부상과 부침의 역사를 모두 겪은 프랑스에서 수백 년을 꾸준히 존재해왔다. 그것으로부터 꼼빠뇽 조직은 최근 십여 년간의 세계경제 저성장 기조로부터 유출된 인력의 소극적 저장고이자 탈출구의 역할보다는, 중세부터 지금까지 오랫동안 인간 노동에 대한 존중의 전통이 지속된 단체라고 할 수 있을 것이다. 즉 노동에 대한 존중과 인정을 받으며 살아가려는 인간 본성에의 호소력을 지녀온 것이 저성장 시대의 문화적 요구와 조응하였음을 짐작할 수 있다. 다음은 프랑스 지역에 머무는 어느 영국 견습생의 말이다.

프랑스에서는 다르다. 그들은 기계 기술자들이고 금속 노동자들이다. 그들은 그것을 하고 싶어 하며, 그것은 곧 그들이다. 그들은 "나는 이 직업을 사랑하고 아침에 일어나는 것이 행복해"라고 말하곤 한다. 그들에게 생산활동은 취미와 같고 결코 돈 때문에 하지 않는다. 참 희한하다; 처음 프랑스에 가서 이들을 본다면 이들이 많이 이상하다고 느낄 것이다."(Malloch, Kleymann, Angot, Redman, 2005)

프랑스 장인운동단체, 꼼빠뇽의 노동과 그들의 삶은 단순한 새로운 일자리와 취업형식이 아닌, 신자유주의가 세계적인 트렌드로 굳어가는 현대에 노동과 삶에 대한 근본적인 문제를 다시 제기하고 있다. 칸트는 "노동은 인간 삶에 내용을 제공하기 때문에 노동하지 않는 인간은 지루해서 죽을 지경"에 이른다고 했다. 하루 4시간 노동을 제시한 러셀도 "삶을 행복하게 살아가려면 확고한 목적만 있어서는 안 된다. 하지만, 목적은 행복한 삶에 없어서는 안 되는 조건이고, 확고한 목적은 주로 노동을 통해 실현된다"고 적었다(Russel, 1932). 동물과 달리 인간 정신은 결여감, 즉 욕구가 충족되지 못했다는 느낌에 반응하여 대상을 직접적으로 소비하지 않는다. 헤겔은 자기반성적 노동행위가 단순한 욕구충족을 대신하는 것으로 보았다. 이 노동 행위는 현재의 상황을 떠나, 미래에 실현될 소비 대상들을 산출함으로써 인간의 본능 충족을 지연시킨다. 노동활동은 본능적인 나의 분열에 따른 것이다. 왜 냐하면 노동활동은 직접적인 욕구충족을 중지시킴으로써만 나타날 수 있는 추진력과 규율을 필요로 하기 때문이다. 지성이 제작물이라는 자기 활동의 산물을 보게 되는 순간, 대상을 실천적으로 산출하는 자신의 능력을 인식한다(Honneth, 2003).

근대는 이중적이다. 산업사회는 한편에서는 노동의 가치를 절상하는 노동 예찬 문화를 사회의 행위규범으로 정착시키면서도 다른 한편에서는 노동은 근본적으로 고통으로 파악되는/되어야 하는 것으로 인식한다. 러셀의 지적대로, 일/노동을 통해 돈을 벌수록 일/노동과는 스스로가 멀어지는 역설, 노동을 긍정하면서도 동시에 부정해야 하는 이 패러독스가 현대적 노동 개념의 핵심이다. 과학과 테크놀로지의 발전이 노동을 부정하는 문화의 발전을 이끄는 시대에 그리스 로마 시대가 지녔던 노동 혐오의 시각은 여전하다. 가령 애덤 스미스의 노동관은 그리스 로마 시대가 혐오했던 노동의 모습에 기초하고 있는 것으로 보인다.

"분업이 발달하면서 노동으로 생계를 유지하는 사람들은

❋

아주 적은 대개 두세 단계의 단순한 공정에 참여한다. 근로자는 일상적 노동과정을 통해 지식을 형성한다. 몇 되지 않는, 그리고 결과도 언제나 같거나 비슷한 단순한 노동 공정을 수행하면서 평생을 보내는 사람들은 자기 지식을 활용할 기회를 얻지 못하고, 어려움을 해결할 수단을 창의적으로 찾을 기회도 누리지 못한다. 따라서 근로자들은 능력을 발휘하는 습관을 자연스럽게 잊어버리고 대개 어리석고 무지하게 변해간다. 정신은 무뎌져서 이성적 대화를 즐기거나 그런 대화에 끼어들 수 없고, 너그럽고 고상하거나 온화한 감정을 품을 수 없는 탓에 결국 사생활의 일상적 의미에 대해서도 올바른 판단을 내리지 못한다. (...) 근로자의 업무 솜씨는 지적, 사회적 미덕을 희생하고 얻어낸 것으로 보인다. 발전된 문명사회에서 정부가 방지 노력을 기울이지 않는다면 엄청난 수의 가난한 근로자들이 이런 상황에 빠져들 수밖에 없다. 구성원의 다수가 가난하고 비참한 사회는 결코 번성할 수도 행복할 수도 없다. 근로자의 임금을 가능한 한 끌어올려야 한다."(Beck, 1999)

도스토옙스키는 〈죽음의 집에 대한 기록〉에서 이렇게 서술

했다.

"한번은 이런 생각이 들었다. 누군가를 완전히 파괴하고 싶다면, 그 사람에게 세상에서 가장 끔찍한 벌을 주고 싶다면, 흉악무도한 살인자도 벌벌 떨며 미리 겁을 잔뜩 먹고 움츠러들 정도로 벌을 주고 싶다면, 완전히 전적으로 무의미하고 쓸모없는 노동을 시키면 된다."(Svendsen, 2008)

첨단기술의 발전과 함께 극도의 단순공정으로 탈숙련화 되어가는 추세를 멈추는 것은 가능할까? 그것은 '크리슈나의 수레(Giddens, 1991)'처럼 폭주한다. 사람들은 이제 그 수레를 타고 가기보다 그 수레에서 내려오기를 원한다. 엘리 치노이는 〈자동차 노동자와 미국의 꿈〉에서 대량생산 공장의 삶의 특성을 견디지 못하고 공장을 떠나 독립을 꿈꾸는 노동자들의 열망을 분석했다. 엘리 치노이에 따르면 공장의 노동자들은 의식을 갖춘 프롤레타리아가 되는 대신 소규모 기업과 소규모 개인 영농업에 관심을 갖는다. 연구서가 발간된 것은 미국경제가 전성기를 구가하던 1955년도였다(Milkman, 1997). 실제로 마르크스도 〈자본론〉에서 "오늘의 임금 노동자는 내일에는 독립된 농민, 장인 또는 자영업자가 될 것이다. 그는 노동 시장에서 사라지지만 작업장 속으로 들어가지는 않는다. 임금노동자가 독립된 생산자로 변모하여 자본을 위해 일하는 것이 아니라 자기 자신을 위해 일하고, 또 자본주의 귀족이 아니라 그들 자신을 부유하게 함으로써 노동 시장의 조건에 그릇된 반작용을 일으킨다. 노동착취는 낮아지고 근검한 자본가에게 의지하려는 심리도 적어진다"라고 말했다. 루이스 멈퍼드도 〈기술과 문명〉에서 건강에 유해한 작업을 금지하는 것에 만족해서는 안 되고, 건강에 유익한 작업, 자기 자신을 위한 작업을 촉진해야 한다고 주장했다. 이런 토대 위에서 기계를 쫓아 '촉수 있는 도시villes tentaculaires'로 휘말려 들어갔던 인구의 대다수는 자본주의가 진척될수록 오히려 농촌 지역으로 되돌아올 것이라고 오래전 예상했다.

"정원에서 가래질하는 것부터 별자리를 따져보는 일은 그 자체가 삶의 영속적 기쁨들이다. 기계 경제는 웰스가 〈타임머신The Time Machine〉에서 묘사했던 무의미하고 공허한 여가를 허용했다. 자본주의사회에서 특히, 극심한 실업으로 몸살을 앓는 동안 대부분의 도시 거주자들은 여가의 향유를 사치로 여겨 쉽게 포기했다. 이와 같은 어리석음, 지루함, 형편없는 기능 부족 상태에서는 어떤 종류의 사회적 이득도 실현될 수 없다."(Mumford, 2013)

멈퍼드는 그 대안으로 '기계적 조직의 완성'을 주장했다. 인간 스스로를 질적으로 하락시키고 착취하는, 즉 신체를 불구로 만들고, 마음을 불안하게 하며, 정신을 혼미하게 만드는 노동을 제거하는데 기계가 쓰이게 만드는 것이 기계적 조직의 완성이다. 노동자를 위한다고 실업을 방지하려고 기계를 폐기하는 러다이트의 오류는 있을 수 없다. 그러나 기계에 지배되는 노동자 환경도 있어서는 안 된다. 기계의 이용은 인간을 질적으로 하락시키는 착취에 맞서는 대안으로 활용되어야 한다(Mumford, 2013: 555). 멈퍼드는 그래서 이렇게 예언했다.

"자동기계들은 기초적 생산영역을 끊임없이 정복하려 하겠지만, 교육, 재창조, 실험으로 무장한 수공업과 기계 작업이 반드시 균형을 만들어낼 것이다. 수공업과 기계 작업이 없다면 자동주의는 궁극적으로 사회를 엉망진창으로 만들어버릴

테고, 이 자동주의가 더 발전할 경우 사회의 존립은 위태로 워질 것이다."

멈퍼드는 전문화된 높은 기술 수준보다 다재다능한 기술적 재능이 낡은 관성을 제거하고 긴급상황에 대처하는데 더 효과적이라고 말한다. 그래서 기초수작업, 기초기술들은 반드시 세대에서 세대로 전수되어야 한다. 반세기 전 멈퍼드는 현대의 불확정성 속에서 시스템의 안정성을 확보하기 위해 장인적 기술의 확산이 필요하다는 '안티프레질anti-fragile'(탈레브, 2013)을 이미 주장했다. 장인은 그 자체로 훌륭한 시민의 모델이다(Sennett, 2012). 장인은 사회에 필요한 기술을 습득하기 때문이다. 장인은 자기통제와 자기가치를 부여할 줄 아는 인간이다. 장인의 일crafting은 그럴듯한 수사나 뜬구름 잡는 추상적인 개념, 혹은 일시적인 열정보다 오랜 시간 타인에 대한 체험을 필요로 한다. 장인의 일은 직접적이고 구체적인 체험 속에서 완성된다(Cvetkovich, 2012).

기술적 재능과 수작업에 대한 많은 거장들의 지지와 주장들은 '기술을 통한 삶의 완성과 공동체에의 헌신'을 내건 꼼빠뇽 정신의 현대적 의의를 되새기게 한다. 2015년 현재 꼼빠뇽 드 드부아 협회의 꼼빠뇽 여정에 참여하고 있는 기업은 프랑스 전역 및 외국을 통틀어 2만8천여 개에 이른다. 꼼빠뇽의 견습생과 지망생을 받아들이며 이 과정에 참여하고 있는 기업의 경영자나 작업장 운영자 중 적지 않은 이들은 스스로 꼼빠뇽의 여정을 마치고 꼼빠뇽의 직위를 획득한 장인이다. 장인이자 경영자로서 이들은 후대의 장인들에게 지식과 기술을 전수해야 한다는 꼼빠뇽의 핵심 윤리를 실천한다. 동시에 꼼빠뇽 제도가 일종의 생태계적 선순환을 구현하고 있음을 인지하도록 한다. 이는 꼼빠뇽의 정신이 전통에 대한 집착이나 수구가 아니라 첨단기술의 현대 기업이 도전해야 할 새로운 영역, 즉 직업윤리에 영감을 불어 넣는 일이기도 하다.[29] 꼼빠뇽의 전통을 계승하는 일은 과거의 보존뿐만 아니라 현대와 미래의 삶을 개척하는 작업이다.

❈

7. 모노즈쿠리의 삶과 운명

일본의 1960년대 고도경제성장과 1990년대 이후 20여 년에 걸친 장기불황을 거치면서 중요한 논쟁이 된 이슈 중 하나는 일본의 모노즈쿠리 문화에 대한 해석이었다. 고도 성장기에 일본의 제조업은 모노즈쿠리라는 일본의 전통적인 장인정신을 바탕으로 한 뛰어난 품질과 높은 생산성을 무기로 세계적인 경쟁력을 획득하였다. 그러나 버블경제의 붕괴 이후 장기불황에 접어들면서 일본 제조업의 경쟁력 저하를 계기로 모노즈쿠리 문화는 더 이상 일본의 경쟁력 요소가 아닌, 혁신과 성장에 방해가 되는 문화라는 주장이 제기되었다. 그러나 역설적이게도 장기불황 이후에도 '선진국'

일본의 경쟁력은 붕괴되지 않았다. 불황기를 견뎌내고 마이너스 성장을 탈피하는 일본의 저력은 '썩어도 준치'라는 우리 속담을 연상케 한다. 이제 모노즈쿠리는 과거의 유물이 아닌, 현대적 재해석이 필요하다.

쇼쿠닌이라는 일과 직업

쇼쿠닌(職人)에게 물건을 만드는 것은 일이고 직업이다. 취향에 기초하여 아름다움을 추구하는 예술가도 아니며 그렇다고 여가를 즐기는 활동도 아닌, 물건을 만드는 것이란 그들에겐 곧 자신의 생계유지와 직결되는 경제활동이다. 최종 소비재를 만드는 쇼쿠닌도 있지만 실제로는 부품이나 제품의 일부를 주문받아 하청 식으로 제작하는 경우가 많다. 전자의 경우는 자신의 물건이 어느 정도 팔리는지에 따라 소비자에게 직접 평가를 받게 되고 후자의 경우는 자신에게 오는 일감의 양과 질로 나타난다. 따라서 자기 일의 결과에 따라 도태되기도 하고 번창하기도 하는 자본주의적 경쟁시스템이 작동하고 있다.

이러한 쇼쿠닌 문화가 많이 남아 있는 교토에서 40년 넘게 기모노에 그림을 그리는 일을 해 온 미우라 씨와 그의 동료 오바리 씨의 설명에서 직업으로서 쇼쿠닌이 존재할 수 있는 시스템을 엿볼 수 있다.

"쇼쿠닌은 누구나 시작할 수 있습니다. 학력도 연령도 관계 없습니다. 기모노에 그림을 그리는 일을 분업으로 하는 경우가 있는데 전혀 경험이 없는 사람이라도 작업을 나누고 나눠서 작은 점 정도는 찍을 수가 있습니다. 하지만 같은 점을 찍어도 예쁘게 잘 찍는 사람이 있고 그렇지 못한 사람이 있죠. 점이 선이 되고 면이 되면 그 차이가 명확하게 드러나게 되죠. 결국 기술이 낮은 사람은 단가가 싼 단순 작업만 계속하게 되고 기술이 좋은 사람에게는 더 많은 일감이 오고 단가도 높아집니다. 일감이 많아져서 혼자 하기 힘들어지면 다른 사람을 고용해서 기술을 가르쳐 가면서 일을 하는 오야가타(親方)가 되는 거죠. 작은 회사의 사장이 되는 겁니다."[30]

최종 소비재를 만드는 쇼쿠닌은 자기 일의 결과를 시장에서 직접 평가받는다. 가나자와 지방의 전통적인 쿠다니야끼의 고급 식기용 도자기를 만드는 야마모토 씨는 소비자의 반응에 아주 민감했다.

"옛날에는 파는 사람이 따로 있어서 그쪽에서 주문하는 대로 만들어 주는 방식이었습니다. 그런데 최근에는 도쿄나 오사카 같은 대도시에서 전시회도 하고 백화점 기획전에 출품해서 직접 판매도 하면서 소비자의 반응을 확인하고 있습니다. 우리가 만드는 물건은 장식용이건 식기용이건 어떤 식으로든 이를 소비하는 사람이 있는 겁니다. 소비자들이 어떤 것을 좋아하는지 취향이 어떻게 바뀌고 있는지는 중요합니다."

소비자의 반응을 보면서 쇼쿠닌은 시장의 변화에 유연하게 대처하고 있었다. 자신의 기술에 대한 집착은 버리지 않으면서도 새로운 제품을 출시해서 소비자의 반응을 확인하는 다양화를 시도하고 있는 것이다. 이는 쇼쿠닌의 현대적 생존전략이기도 하다. 특히 하청식으로 일을 하는 경우 시장의 변화를 감지하지 못하고 계속 주문 일만 하다가는 일감이 끊어지는 리스크를 안게 된다.

가나자와에서 3대째 불단의 옻칠 장식품을 제작하는 일을 하는 사다이께 씨의 경우도 최근 새로운 시도를 하고 있었다.

✳

요즘에는 예전처럼 고액의 불단을 사는 사람이 줄어들고 있기 때문에 일감이 현격히 줄어 새롭게 시작한 것이 옻칠 기술을 활용한 고급 식기였고, 최근에는 소형 불상이나 위패를 모시는 독자적인 디자인의 장식함을 제작하고 있었다. 더불어 브로치나 목걸이, 펜던트 같은 개인 액세서리 제작도 시작했다.

"내가 할 수 있는 일은 옻칠 공예밖에 없습니다. 그래서 뭘 할 수 있을까 생각했죠. 전에는 다른 사람이 주는 일만 했는데 그래서는 안 되겠다 싶어 다양하게 시도하고 있습니다. 하지만 내 스타일로 하다 보니 시간이 오래 걸리고 그래서 가격도 비쌉니다. 소비자들한테 얼마나 어필할 수 있을지 잘 모르겠지만 해 보는 수밖에 없죠."

쇼쿠닌은 자기 기술에 대한 자부심이 강했던 만큼 이들은 시장에서의 평가도 의식하고 있었다.

쇼쿠닌과 계승의 의미

쇼쿠닌은 자신만의 고유 기술을 통해 시장에서 독점적인 지위를 유지하고 있다는 오해를 받기 쉽다. 물론 드물게는 이런 위치에 있는 쇼쿠닌도 있다. 하지만 쇼쿠닌의 기술 자체에 어떤 고유한 특별한 비법이 있는 것은 아니다. 단지 습득하는 데 시간이 오래 걸리고, 때에 따라서는 자기 가족이 다른 곳에서는 만나기 어려운 훌륭한 스승이 되어서 몇 대에 걸쳐 이런 기술이 전수되기도 한다. 실제로 대를 이어 같은 일을 하는 쇼쿠닌들은 자신의 아버지와 같은 일을 하고 있다는 점을 아무런 거부감이 없이 받아들이고 있었고 선조의 일을 계승하는 것을 당연시하였다. 어떻게 이런 의식을 형성하게 됐을까?

오랫동안 선조 대대로 같은 일을 해 오고 있는 미야자키 씨는 14대째로, 360년 넘게 차도에 쓰이는 작은 유가마(차를 타는 물을 끓이는 작은 솥)를 만드는 일을 이어오고 있다. 아버지는 특별히 이 일을 하라고 강요하기는커녕 권유조차도 하지 않았지만 '어쩌다 보니' 이 일을 하게 됐다고 한다.

"어렸을 때 아버지가 일하는 공방에서 놀았죠. 작은 주물공장은 모래도 있고 이런저런 공구도 많아서 아주 재미있는 놀이터였습니다. 그러다가 조금 커서는 아버지 일을 조금씩 도와 드렸습니다. 아버지가 시키는 단순한 일이었지만 그게 멋진 유가마가 되어 가는 게 신기했고 언제부턴가 나도 이 일을 하고 싶다고 생각하게 됐습니다."

전통공예를 대를 이어 하고 있는 쇼쿠닌들은 비슷한 경험을 가지고 있었다. 어릴 때부터 아버지의 일터에서 놀면서 아버지의 일에 대한 긍정적 인식을 형성하였으며, 동시에 여기에는 지역공동체와 주변의 평판도 크게 작용했다. 도자기 장인 야마모토 씨는 소학교(초등학교) 때의 아버지 모습을 지금도 자랑스럽게 여기고 있었다.

"아버지는 이 일을 계승하라는 말은 안 하셨지만 주변에서 아버지를 칭찬하는 얘기를 많이 들었고, 내가 이 일을 계승하는 것을 당연시하는 분위기가 있었습니다. 그래서 언제부턴가 나도 크면 이 일을 하는 것으로 자연스럽게 생각하게 됐습니다."(유가마 쇼쿠닌 미야자키 씨)

"어렸을 때 내가 다녔던 초등학교에서 도자기 만들기를 했는데 그때 아버지가 자원봉사로 오셨죠. 다른 친구들도 무척 좋아해서 제 자랑거리였습니다. 그런데 20년이 넘은 지금도 그때 만든 도자기가 그 소학교에 전시되어 있고, 동창들이 저를 만나면 그때 참 재미있었다면서 지금도 그 얘기를 합니다."(도자기 장인 야마모토 씨)

이렇게 어려서부터 아버지의 일터에서 놀면서 아버지의 일과 친숙해졌고, 또한 아버지의 일에 대해 긍정적인 평판을 듣고 성장하면서 이들에게 아버지의 기술을 계승한다는 것은 내면화되어 자연스럽고 당연한 것이 되었다. 미야자키 씨를 인터뷰하기 위해 들른 자택 내 일본식 다다미방에는 선대들이 만든 유가마가 전시되어 있었고 초대부터 현재까지 이어져 온 가계도가 비치되어 있어 자신의 일에 대단한 긍지를 지니고 있음을 알 수 있었다.

현역의 젊은 쇼쿠닌(30,40대)들은 선대의 기술을 유지 계승하는데 그치지 않고 새로운 기술이나 방법을 도입해서 한층 더 발전시키려고 노력하는 것에는 예외가 없었다. 이들은 대부분 대학을 졸업했거나 실업계 고등학교에서 공예를 전공하고 전통공예를 연마하는 연수원에서 기술을 익힌 경험을 가지고 있었다. 자기 아버지가 그 기술 분야에서 최고의 스승이기는 하지만 거기에 매몰되지 않고 학교나 연수원에서 다른 기술과 새로운 기술을 접한 경험을 가지고 있었다. 이것이 집안 고유의 기술에 새로운 기술을 접목시키는 역할을 하고 있었다. 이처럼 자기 집안에서만 기술을 익히는 경우는 오히려 드물었고 집 안팎에서 더 많이 배우지 못한 것을 후회하기도 했다. 유가마를 만드는 미야자키 씨가 그런 경우다.

"어쩌다 보니 나는 다른 곳에서 관련 기술을 경험할 기회가 별로 없이 지금까지 계속 아버지 밑에서만 기술을 배우고 일을 하고 있습니다. 그런데 지금 와서 이게 후회가 됩니다. 뭔가 다른 것 새로운 것을 해 보고 싶은데 거기에 대한 지식이 없어요. 그래서 요즘 젊은 쇼쿠닌들이 만든 모임에 나가서 물어 가면서 공부하고 있습니다. 만약 내 아들이 이 일을 하겠다면 일단 다른 곳에 가서 공부하고 기술을 연마해서 오도록 하고 싶습니다."

자신의 후대가 기술을 계승하는 것에 대해서 쇼쿠닌들은

자신이 그랬던 것처럼 자신의 자식들에게 같은 일을 강요할 생각은 없지만 스스로 하겠다면 응원하겠다는 게 일반적인 의견이었다. 하지만 최근의 시장 동향과 관련해서는 신중한 의견이 많았다. 시장이 축소되고 있는 상황에서 자신의 대에서 이 일이 없어질 수 있다는 의견도 있었다. 하지만 자신이 대를 이어 계승했다는 점에 대해서는 큰 자긍심을 엿볼 수 있었다. 사다이께 씨의 다음과 같은 말은 계승에 대한 책임과 의무를 상징적으로 보여주고 있다.

"만약 저희 집안의 일이 대가 끊겨 기술이 소멸한다 해도 적어도 제 아버지 대에서 소멸시키고 싶지는 않습니다. 아버지는 저한테 전수하고 끊어지더라도 제 대에서 끊어져야죠."

이렇듯 쇼쿠닌은 자기 집안과 지역공동체에서 자기 일에 대한 긍정적인 아비투스를 형성했으며 자신의 일을 계승이라는 긴 시간 속에 자리매김하는 상위의 해석수준을 보유하고 있었다. 그 계승은 과거의 계승만이 아니라 미래의 계승도 포함하고 있었다. 즉, 계승에 대해 높은 가치를 부여하면서 선대를 넘어서려는 노력도 계속하고 있는 것이다.

✵

일을 통한 자기세계의 형성과 사회적 지지

쇼쿠닌의 길은 결코 화려하지도 장래가 보장되지도 않은 가시밭길이다. 오사카에서 금속 가공업을 하는 다나카 씨는 종업원이 20명도 안 되는 작은 중소기업으로 경영이 어렵지만 자신의 일에 열정을 바쳤고, 교토와 가나자와, 다카오카에서 만난 쇼쿠닌들도 자신들만의 독특한 직업세계와 자기세계를 형성하고 있었다. 무엇보다 이들의 공통점은 기능이나 기술을 익히고 발전시키는 그 자체를 자신의 삶과 동일시하고 있었다.

"도자기에 가는 붓으로 그림을 그리는 것이 처음에는 굉장히 어렵고 실패도 많이 했지만 조금씩 능숙해지고 나 스스로의 일이 멋진 그릇으로 구워져 나왔을 때는 큰 희열을 느낍니다. 자신의 기능이 향상되는 것과 더불어 인간으로서 성장하고 있다고 느낍니다."(구다니야끼 도자기 쇼쿠닌 야마모토 씨)

"선반으로 쇠를 깎는 일은 요즘은 기계가 대신해 줍니다. NC 선반은 프로그램만 하면 설계도면 대로 물건을 만들어

주죠. 하지만 깎아져 나온 부품을 손으로 만져보면 표면이 거칠다든지 깨끗하지 못한 경우가 있습니다. 그럼 어떻게 하면 더 좋은 물건을 만들 수 있을지 궁리하고 시행착오를 거듭하면서 품질을 향상시키려고 노력합니다. 회전 속도, 깎는 순서, 쇠를 깎는 바이트의 선택 등은 사람이 결정합니다. 좋은 물건을 만들겠다는 의식이 있으면 이런 과정이 재미있고 그러다 보면 기술도 향상됩니다."(오사카 금속가공 긴키공업 사장 다나까 씨)

"유가마를 만들 때 주조틀을 만들고 쇳물을 부어 식힌 다음 틀을 뜯어냈을 때 내가 생각한 대로 물건이 나오면 큰 기쁨을 느낍니다. 그리고 표면 처리도 하고 장식 가공을 하는데 처음에는 잘 안 되고 실패도 합니다. 그러다가 조금씩 자기가 생각한 대로 가공을 할 수 있게 됐을 때 큰 희열을 맛봅니다. 이 일을 한 지 이제 20년쯤 됐는데 아직 아버지 수준에는 못 미치지만 저의 기술이 조금씩 향상되고 있음을 느낄 수 있어서 좋습니다."(가나자와 유가마 쇼쿠닌 미야자키 씨)

일을 통해 자신의 기술이 높아지고 인간으로서 성장하는 체험을 거듭하면서 자기만의 독특한 세계를 구축해 가는 쇼쿠닌들은 기술의 활용과 계승에 대해서도 독특한 자기 세계를 구축하고 있었다.

이들은 생산품의 양적 확대가 자기 기술의 발전과 고유성을 유지하는데 방해가 되므로 적절한 수준에서 제한하고 있었다. 혼자서 일을 하는 쇼쿠닌 뿐만 아니라 회사형태로 다른 사람을 고용하는 경우도 무조건 고용을 하는 것이 아닌, 자기들만의 고유한 기술의 가치를 인정하고 진정으로 이를 습득하기를 원하는 사람만을 직원이자 제자로 받아들여 자기만의 방식으로 기술을 공유하고 계승하려 한다. 이런 형태는 자신의 기술을 확보한다면 이를 활용하여 많은 직원을 고용해서 매출을 높이는 일반적인 기업경영과는 거리가 멀다.

"돈을 너무 많이 벌려고 하면 안 됩니다. 그러려면 기계를 더 많이 도입하고 사람을 더 많이 고용해야 하는데 그러면 저희 상품의 가치가 떨어집니다. 도자기는 손끝으로 느끼는 감촉이 중요한데 기계로는 안 됩니다. 그리고 소비자들도 이걸 잘 알고 있습니다. 직접 손으로 하나하나 만드는데 가치가 있는 거죠."(구다니야끼 도자기 쇼쿠닌 야마모토 씨의 아버지)

야마모토 씨는 1990년 전후의 버블기라 불렸던 일본의 호황기 때 비싼 도자기가 잘 팔리자 주변의 쇼쿠닌 중에 이렇게 대량생산해서 돈을 번 사람도 있었지만 '버블이 깨지고 불황기에 접어들면서 이들은 소비자들에게 외면당했고 대부분 문을 닫았다'는 일화를 들려주기도 했다. 예나 지금이나 똑같이 작은 인원의 제자들과 방석을 놓고 둘러앉아 자신의 눈으로 직접 확인하면서 지도하는 방식을 고집하는 야마모토 씨는 그렇게 했기 때문에 지금도 이 일을 계속할 수 있다고 자부하고 있었다. 실제로 야마모토 씨는 자신의 일이 평가 받아 일본 왕실에서 결혼식과 같은 특별한 행사를 위한 식기 세트를 주문받아 제작하기도 했고 파리에 있는 국제도량형협회의 창립 125주년을 기념해서 일본 정부가 증정한 대형 백자 접시를 당시의 통상산업성의 의뢰로 제작하기도 했음을 자랑스러워했다. 이런 경험은 생산품의 양적 확대에 대한 경계심을 더욱 강화했고 돈을 버는 것보다 [이이시고토 오스루(いい仕事をする)]('훌륭한 일을 한다'는 일본어로 일을 잘해서 좋은 것을 만들었다는 평가)가 훨씬 더 중요하다고 확신하고 있었다.

일을 통한 자기 세계의 형성은 쇼쿠닌 혼자만의 힘으로는 곤란하다. 시장의 평가는 그 일을 계속할 수 있는 경제적인 기반이 되지만, 작은 규모로 집안의 기술을 계승하면서 묵묵하게 자신의 세계를 만들고 나아가 후대에 그 일을 물려주려면 무엇보다 지역사회의 연계와 지지가 필요하다. 앞서 지역의 소학교에서 열렸던 도자기 만들기 수업도 그 예가 될 수 있다. 우리 동네에 일본에서 유명한 도자기 공방이 있다는 것을 알리고 어린 아동들에게 그 의미를 가르치는 것은 도자기를 만드는 일이 가치 있다는 지역사회의 평판으로 이어져 쇼쿠닌이 그 일을 계속하고 계승하는 무언의 지지로 이어진다. 또한 쇼쿠닌도 자신의 일이 지역사회에서 필요로 하는 가치 있는 일이라는 점을 인식하게 된다.

"나는 자신의 일이 '동네 대장간'이라고 생각합니다. 대를 이어 금속 가공업을 하고 있기도 하지만, 대장간은 옛날부터 부러진 호미를 고쳐주고 구멍 난 솥을 땜질해주는 일을 했죠. 내가 하는 일은 비록 작은 일이지만 주변의 불편함을 해소시키죠. 지역사회에서 필요로 하는 일 인 거죠."(오사카에서 금속가공업을 하는 야마오카 씨)

경우에 따라서는 일반 소비자를 직접 만나는 경우도 있다.

도자기 쇼쿠닌 야마모토 씨는 전시회나 기획전에 가서 자기 도자기를 사는 고객들의 초대를 받아 같이 식사를 할 때도 있다고 한다.

"어쩌다가 도쿄나 오사카 같은 곳에서 고객들의 식사 초대를 받기도 합니다. 자기가 한 일을 평가해 주니 기분이 좋죠. 그리고 한편으로 이들은 고객이기도 하지만 도자기 전문가들이라 작품에 대한 얘기도 듣고 시장 동향을 파악하는 기회가 되기도 합니다."

이렇듯 쇼쿠닌은 일을 통해 자기 세계를 형성하지만 이 세계는 '나만의 세계'가 아니라 바깥세상과 연결된 '소셜의 세계'이다. 시장과 대화하고 자신의 일을 평가해 주는 관계자와 지역사회의 지지는 이들이 쇼쿠닌으로서 대를 이어 생존할 수 있는 밑거름이다.

장인문화와 삶에의 의미

장인들의 의식은 한마디로 '살아있는 박물관'으로, 대부분의 장인들이 자신을 장인 집안의 몇 대손으로 소개했고 그 가계도를 보관하고 전시하며 일의 계보가 길다는 것에 대단한 긍지를 가지고 있었다. 그러나 그것에 멈추지 않고 선대를 넘어서서 스스로가 기술적 측면에서 다른 새로운 방식을 발전시키려 하였으며, 고도의 자기 통제력과 인내력으로 기술 수준을 높여 당대가 선대보다 더 발전된 단계가 되도록 노력하고 있었다. 심지어 시장의 위축으로 자신의 일이 없어질 위기에 처할지라도 '자기 윗대가 아닌 자기 대에서 끊어지는 것이 자신의 가계를 위해 더 낫다'고 고백할 정도로 기술 계승에 대한 책임감과 희생의식을 보유하고 있었다.

자신의 숙련이 높아지면서 그것을 통해 스스로 성장하는 것을 확인하고 그것을 다른 사람에게 전수하여 자신의 기술을 유지 발전시키려는 욕구가 자기 세계의 건설로 나타났다고 할 수 있다. 공방의 어지러운 작업 공간 속에서도 자기만의 전시공간이 따로 있어 자기 세계를 타인에게 인정받으려 했으며, 또한 공개모집보다는 자기 기술에 탄복하여 찾아온 사람만을 교습 제자로 삼았고, 동시에 우수한 제자를 통해서만 자기 일을 전수하려 하였다. 또한 회사의 경우도 동일 기술 관련 직원들의 숫자를 적절한 수준에서 제한하여 신뢰할 수 있는 직원과의 기술공유를 통해 자기 기술의 고유성을 지키려 하였다. 이 점은 양적 확대가 기술의 고유성을 해치며 경우에 따라서는 그 일 자체가 소멸되는 원인이 될 수 있기 때문에 중소기업이나 소기업적 차원에서만 자기 세계의 실현이 가능하다는 장인들의 믿음이 확인되는 지점이다.

이러한 고유의 자기 세계 구축이라는 지향점은 인간욕구의 최상의 단계에 해당하는 것으로서, 일의 위생조건(hygiene factor)을 넘는 내재적 동기가 극대화된 상태이다. 즉, 중소기업에서도 모노즈쿠리의 방식을 통해 내재적 동기의 극대화가 가능하다는 실재성을 보여주고 있는 것이다. 또한 사회적 차원에서는 모노즈쿠리로부터 호혜경제의 가능성도 엿볼 수 있다. 인간의 경제는 사회적 관계 속에 묻혀있으며, 물질적 재화를 소유하거나 개인적 이익을 수호하기 위해서만 행동하지 않는다. 인간은 자신의 사회적 입장, 사회적 요구, 사회적 자산을 보호하기 위해 행동하며 경제 시스템도 비경제적 동기 위에서 작동하는 것이다. 폴라니도 지적했듯이, 인간은 사회적 관계 속에서 이뤄지는 다양한 동기와 자기 성취라는 혼합적 동기(mixed motives)를 갖고 있으며, 자신과 타인에 대한 의무도 배제하지 않고, 혼자서 비밀리에 노동하는 즐거움도 갖는다.

쇼쿠닌에 대한 해석은 현대 사회의 노동을 주체적, 성찰적으로 접근할 수 있는 여지를 제공한다. 리처드 세넷은 그의 〈뉴캐피털리즘〉에서 "어떤 일을 잘하는 방법을 알게 될수록 그 일에 대한 관심은 커질 수밖에 없다. 그러나 단기간에 일을 처리하고 다시 다른 일로 옮겨가야 하는 조직과 제도 아래에서는 어떤 일을 깊이 파고드는 것이 불가능하다. 실제로 첨단 조직들은 이른바 '한 우물 파기'를 반기지 않는다"(Sennett, 2009: 127)라고 하면서, "은퇴하기엔 젊은 나이에 일자리를 잃은 사람들에 중요한 것은 노동자들의 경험이 서사적으로 단절되지 않도록 하는 것이다"(Sennett, 2009: 219)라고 주장한다. 그리고 그런 서사적 연속은 헌신의 정신을 갖춘 장인정신에서 확인된다. "장인정신은 새로운 문화가 빠뜨린 기본 덕목을 가지고 있다. 이상적인 노동자, 이상적인 학생, 이상적인 시민의 자질이 지니지 못한 미덕, 즉 헌신(commitment)이 바로 그것이다. 누군가 어떤 일의 결과에 대해 설명하면서 틀림없이(correct)나 올바로(right)라는 단어를 쓸 수 있으려면 자신의 바람이나 외부에서 받을 보상 따위와 무관하게 별도의 객관적 기준이 있다는 믿음이 전제되어야 한다.

자기에게 아무것도 돌아오지 않을지라도 뭔가를 제대로 해낸
다는 것이야말로 진정한 장인정신의 요체"(Sennett, 2009: 230)
인 것이다.

모노즈쿠리의 일은 일의 범주 그 자체에 그치지 않고 삶의
예찬으로 이어질 수 있다. 루이스 멈퍼드와 윌리엄 모리스의
수공업적 삶의 예찬은 장인정신이 그 요체이다. 멈퍼드는 〈
예술과 기술〉에서 "호머의 〈일리아스〉에서 묘사하듯이 아킬
레우스의 거대한 방패에는 그리스인의 삶이 일종의 소우주
를 형성하는 것 같은 이미지들이 새겨져 있다. 수공업자가
기술 조작을 통제하면서 천천히 그리고 즐겁게 일했을 때는
경제성과 능률이라는 기능성을 지향하는 경향이, 인간적인
가치와 목적을 보여 주고자 하는 욕망과 인간이 실용적인
대상과 친밀하게 결합하는 경향에 의해 균형을 이루었다"고
서술하고 있다. 윌리엄 모리스도 예술가와 디자이너는 결합되
어야 하며 그것을 기반으로 독창적이어야 한다고 주장한다.
그러나 급변하는 시장 환경에 따라 모노즈쿠리 쇼쿠닌들도
달라지고 있다. 지금의 장인들은 도제식 교육과 동시에 대부
분 현대적 대학교육을 받은 후 다시 전통적 장인기술을 계승

하고 있어 시장의 변화를 민감하게 감지하면서 이를 기술과 제품의 변화로 대처하고 있었다. 그래서 〈자기(집안) 고유의 기술〉과 〈변화에 적응하는 기술〉의 적절한 결합점을 찾으려 지속적으로 고민하고 있었으며 대부분의 장인들이 그것이 전통적 기술을 보전하면서도 현대에 살아남을 수 있는 최적의 전략임을 인지하고 있었다.

일본의 저명한 저술가인 에로쿠스케(永六輔)는 쇼쿠닌은 직업이 아니라 '사는 방식'이라고 적고 있다. 모노즈쿠리 쇼쿠닌은 근대공업화가 고도로 발달한 현대 일본에서도 직업인의 표본으로 여겨지고 있다. 이미 일반 명사가 된 kaizen(카이젠, 改善의 일본어)과 같이 모노즈쿠리 쇼쿠닌의 일과 삶의 방식은 지금도 세계적인 경쟁력을 유지하고 있는 일본 제조업의 기술과 품질을 지탱하는 문화인프라다. 쇼쿠닌은 일을 통해 인간의 자아실현 욕구를 실현하는 구체적인 경로를 보여주고 있다.

8. 헉슬리의 미치마 노인

헉슬리의 『멋진 신세계』(Brave New World)는 자신의 욕구를 억제할 필요 없이 모든 개개인이 만족하며 살아가는 세계이다. 그러나 헉슬리는 그렇게 멋진 신세계가 과연 인간과 인간의 사회에 어떤 의미가 있는가를 묻는다. 문명이 가져다준 거대한 편익을 인간이 마음껏 누릴 때 그런 인간은 과연 이전의 인간과 다른 인간이 되는 것은 아닌가라는 존재적 질문을 던진다. 『멋진 신세계』에서 모든 인간은 알파, 베타, 감마, 델타, 엡실론 5계급으로 나뉜다. 엘리트 일부터 단순노동까지 하는 5계급이며 불만이 있어도 수면암시교육으로 모든 불만은 사라진다. 자기 계급에 맞는 사고를 하도록 세뇌되며,

불만이 있어도 소마(soma)라는 약을 먹으면 행복해질 수 있다. 결혼 개념도 없어지고 모든 성행위도 자유로우며 가족에 대한 의무도 없다. 대량생산 사회의 신(God)은 포드(Ford)이며, 그것은 자동차를 만든 포드를 신적인 존재로 모신다는 뜻이다. 그래서 대량생산의 상징인 포드 최초의 자동차 모델인 T에서 따와 T라고 이름 붙여졌다.

주인공은 버나드(Bernard)란 인물인데, 버나드는 문명세계의 알파플러스 계급으로 최고의 엘리트이다. 그러나 작은 체격 때문에 무시당하고 그러면서 생긴 열등감으로 민감한 감수성을 가지고 있다. 야만인 보호구역으로 레니나(Lenina)와 여행을 가기도 하면서 야만사회에 대한 정보를 갖고 있는 존(John)을 이용하여 문명사회에서 인기를 얻으려고 하는 욕심도 있다. 『멋진 신세계』의 주인공은 두 명인데, 또 다른 주인공은 야만인 존이다. 셰익스피어를 외우며 야만인 보호구역에 살고 있는 존은 야만인 보호구역에 낙오된 어머니 린다(Linda)의 아들로, 문명세계로 갔다가 셰익스피어를 외우고 자신을 채찍질하는 이상한 행동들로 톱스타가 되기도 하지만, 결국 문명사회에 혐오감을 느끼고 자신이 살던 야만사회를 그리워한다. 총통 무스타파 몬드에게 자신도 버나드와 헬름홀츠처럼 섬으로 보내달라고 하지만 총통은 그에 대한 연구를 좀 더 하고 싶어 그를 문명사회에 묶어둔다. 자신의 처지와 문명사회에 환멸을 느낀 존은 결국 자살한다.

사실 『멋진 신세계』는 인물들의 감정선과 스토리보다는 현대 문명에 대한 비판으로 읽힌다. 그런데 이 『멋진 신세계』를 읽고 요즘 사람들은 예전과는 다른 반응을 보인다. '어? 헉슬리의 『멋진 신세계』도 괜찮은데, 디스토피아라고?' 많은 사람들이 『멋진 신세계』의 문명비판을 혼란스러워한다. 그래서 헉슬리는 오웰과 다르다. 헉슬리는 문명사회를 비판했지만 너무 현실적이어서 때로는 사람들이 추종할만한 매력적인 신세계이기도 하다. 그래서 대단히 논쟁적이다. 많은 사람들이 헉슬리의 소설을 문명비판이 아닌, 헉슬리가 기술한 『멋진 신세계』를 '있는 그대로 멋진 신세계'로 받아들이는 그런 시대가 된 것이다. 요즘 사람들은 『멋진 신세계』의 서평을 이렇게 쓴다. "이 책을 읽으면서 생각보다 나쁘지 않았다. 『1984』에서의 주인공은 누가 봐도 확실하게 행복하지 않았고 자유롭지 않았다. 숨 막히는 감시 속에 살았다. 집 안에서도 텔레스크린 감시, 어디를 가도 요원들의 감시가 있었다. 반면, 『멋진 신세계』에서는 완벽하게 계급을 나누어놓은 계급제 사회이지만 모든 사람은 자기가 그 계급에 속해있어서 다행이라고 생각하도록, 다른 계급을 싫어하도록 세뇌시킨다. 질병도 없으며, 늙음과 죽음 때문에 불만족스러워하지 않고 수명 내내 젊은 육체를 유지하다 그 모습 그대로 죽는다. 언제든 기분을 좋게 해줄 합법적인 약도 늘 갖고 있고, 내가 하는 일도 만족스럽고, 너무 적게도 너무 오래 일하지 않아도 된다. 이거야말로 완벽한 환상적 세계 아닌가?"

사실 헉슬리는 『멋진 신세계』 서문에서도 밝혔지만 지금 자기에게 일어나는 모든 고통을 바로 없애고 만족만을 추구한다면 결국 '자발적 노예'로 전락할 수밖에 없음을 보여주려 했다. 인간의 진정한 행복, 즉 구원을 얻고, 깨달음을 구하고, 진리를 찾는 행복은 지금의 모든 욕구를 만족하거나 망각하는 행위, 즉 문명사회의 자기만족을 위한 행복추구 행위를 부정하는 것에서 시작하는 것일 수도 있는데 이미 그것을 잃어버린, 맹목의 시대에 우리가 살아가고 있음을 헉슬리는 경고하고 있는 것이다. 그런데 지금 우리 시대는 이거야 말로 '환상적인 세계'라고 말하고 있다.

비교와 행복

"아. 싫어요. 난 델타 아이들하고는 놀고 싶지 않아요. 엡실론들은 더 형편없죠. 그들은 너무 우매해서 글을 쓰거나 읽을 능력이 없어요. 그뿐 아니라 그들은 너무나 흉측한 빛깔인 검은색 옷을 입어요. 나는 내가 베타여서 정말로 기쁩니다."

(중략)

"알파 아이들은 회색 옷을 입어요. 그들은 너무나 무서울 정도로 총명하기 때문에 우리보다 훨씬 열심히 일합니다. 나는 그렇게까지 열심히 일을 하지 않아도 되기 때문에 베타가 되었다는 것이 정말로 굉장히 기쁩니다. 그런가 하면 우리는 감마나 델타보다 훨씬 좋습니다. 감마들은 어리석어요. 그들은 모두 초록색 옷을 입어요. 그리고 델타 아이들은 황갈색 옷을 입습니다. 아, 싫어요, 난 델타 아이들하고는 놀고 싶지 않아요. 엡실론들은 더 형편없죠. 그들은 너무 우매해서 글을..."[31]

사람들은 통치자와 알파플러스를 동경한다. 그러나 자기 자리에 만족한다. 비교성향은 아주 심하지만 그것이 내적 갈등을 가져오는 방식의 트랙은 해체된다. 자신의 계급에 맞는 역할을 '일주일에 세 번 120번씩 30개월 동안' 들으면 마침내 아이의 마음은 이런 암시들과 하나가 되고 암시들의 총체는 아이의 이성이 된다. 어른의 이성도 역시 평생 줄곧 이런 암시들의 지배를 받는다.

지겨운 일을 1불을 받고 할 때와 100불을 받고 할 때 그다음 번에 보상 없이 그 일을 할 확률은 1불짜리가 더 많다. 1불짜리가 마음속에 갈등을 더 많이 불러일으키고 그 갈등을 스스로 이겨내는 과정을 거치면서 그것을 스스로 좋아하도록 믿는 내적인 사고의 과정이 생겨나는, 즉 그 일에 대한 자기효능감을 높이는 결과가 있기 때문이다. 그러나 『멋진 신세계』에서는 그런 신념의 트랙이 발생하지 않는다. 맹목과 주입의 세계이기 때문이다.

찰스 디킨스(Charles Dickens)는 『데이비드 코퍼필드』(David Copperfield)에서 "연간소득이 20파운드이고 연간지출이 19파운드 6펜스이면 행복하다. 연간소득이 20파운드이고 연간지출이 20파운드 6펜스이면 불행하다"라고 쓰고 있다. 소득이란 이렇듯 행복에 직접적인 영향을 준다. 그리고 그것은 어느 정도 사실이다. 행복과 소득은 소득증가의 일정 수준까지는 서로 비례한다. 그러나 여기에는 비밀이 하나 더 있다. 20파운드를 고정된 수입이라고 가정한다면, 어떤 사람이 19파운드 6펜스를 쓰고 어떤 사람이 1파운드를 더 쓰느냐이다. 20파운드로 행복하려는 사람은 분명 그것보다 못 미치게 19파운드 6펜스를 쓰고 행복해할 것이다. 그런 사람은 분명 수입에 맞추어 자신의 지출을 적절히 통제하는 사람이다. 수입에 맞춰 지출 행동을 어떻게 통제해야 하는가를 아는 사람인 것이다. 그러나 또 다른 문제는 이런 20파운드로 맞춰진 가정이 틀릴 수 있다는 것이다. 사회는 점점 더 평균적인 인간의 삶을 20파운드에서 점점 더 상향시킨다. 내년에는 30파운드가 내후년에는 40파운드가 평균적인 인간의 삶을 위한 지출기준이 될 수 있다. 그 정도면 '개인의 통제'를 넘어서는 문제가 되는 것이다.

애덤 스미스(Adam Smith)도 기본소득이나 상품 묶음만이 아니라 '공공장소에 수치심 없이 나타날 수 있는 능력'에 관심을 가졌다. 스미스는 『국부론』에서 사회에서 '필수'로 간주하고 있는 것을 최소한도로 요구하는 자유는 수치심 없이 공공장소에 나타날 수 있는 자유, 또는 공동체의 생활에 참여할 수 있는 능력에 의해 결정된다고 본다. 그는 이렇게 말한다. "필수재는 생명유지를 지속시키기 위해 필수적인 것뿐만 아니라 국가의 관습에서 가장 하층의 사람이라도 부족해진다면 점잖지 못한 것이라 여기는 것을 포함한다. 일례로 리넨 셔츠는 엄밀한 의미에서 삶의 필수품이라 말할 수 없다. 고대 그리스인이나 로마인은 리넨이 없어도 풍족한 삶을 살았다. 그렇지만 현재 유럽 대부분의 일용직 근로자들은 리넨 셔츠 없이 나타나는 것을 수치스러워할 것이다. 리넨 셔츠가 없다는 것은 극단적인 악행 없이는 빠질 수 없는 극심한 빈곤을 나타내기 때문이다. 똑같은 관습은 영국에서 가죽 신발을 필수품으로 만들었다. 점잖은 사람이라면 아무리 가난하더라도 가죽 신발 없이 대중 앞에 나서는 것을 수치스러워할 것이다." 이러한 애덤 스미스의 언급으로부터 우리가 시사 받을 수 있는 것은, 문제는 재화 그 자체가 아니라 재화에 의해 얻을 수 있는 자유에 맞추어져야 한다는 것이다(아마르티아 센, 2001).

이제 현대는 이전의 자원과 재화 중심에서 학력과 지력이 중시되는 사회로 변화해왔다. 자원과 재화가 갖는 실제 부의 가치가 점점 지식가치로 대체되고 있다. 이 과정에서 실제

'공공장소에 수치심 없이 나타날 수 있는 능력'도 점점 자원과 재화로부터 학력과 지력으로 이전되어 왔다. 피터 생(Peter Senge)이 말하듯이, 정신 모델(Mental Model)이 중요한 시대가 되면서 공공장소와 일터에서도 지력의 조작적 인덱스 중의 하나인 학력이 중요시되는 것이다. 그러나 고령화 사회로 접어들면서 청년 시기의 학력이 미치는 영향력도 전체 생애에서 줄어들게 된다. 그러면서 학력과 더불어 전 생애적 학습과 지식자본의 근간이 되는 문화적 자본, 그리고 그것과 연계된 네트워크가 새롭게 '공공장소에 수치심 없이 나타날 수 있는 능력'이 되고 있다. 이는 일 중심의 학력사회가 여가 중심의 창조사회로 변해가면서 실제 일과 여가가 분리되기 어려운 시점에서 더욱 중요해진다. 사회가 일과 여가 모두의 영역에서 많은 것을 요구하게 되고 이것에 조응하는 사람과 그렇지 않은 사람 사이의 차별이 생기기 시작하는 것이다. 외부의 다양한 요구들을 개인이 조절하고 통제하는 능력은 이전의 자연을 통제하는 능력보다 훨씬 더 많은 능동성을 요구하고 있다. 자연의 통제는 기다리는 인내의 능력을 요구하지만, 창의성의 시대에는 일과 여가의 상호충돌을 적절히 관리하고 통제하는 적극적이고 능동적인 능력이 요구

된다. 그러나 멋진 신세계의 문명사회에서는 그런 능력을 박탈당한다. 『멋진 신세계』는 이렇게 말한다.

아이들이 장미꽃을 보면 기겁해서 비명을 지르게끔 조건반사를 유도해 놓은 까닭은 고등 경제정책을 기초로 삼은 조처였다. (한 세기 정도나 될까) 별로 오래전 일은 아니었지만, 감마들과 델타들과 심지어는 엡실론들까지도 그때는 꽃을, 특히 온갖 야생화를 좋아하도록 유도를 받았었다. 그들에게 기회가 생길 때마다 시골로 나가기를 원하게 만들어서 운송수단을 소비하게끔 하자는 생각에서였다.
"그런데 그들이 운송수단을 소비하지 않던가요?"
"상당히 많이 이용했지." 부화본부 국장이 대답했다. "하지만 그것이 전부였어."
앵초와 풍경은 보상이 없다는 한 가지 중대한 결함을 지녔다고 그가 지적했다. 자연에 대한 사랑은 공장이 바삐 돌아가게 만들지는 못한다. 그래서 자연에 대한 사랑을 하급 계층들 사이에서만이라도 제거하기로 결정이 났는데, 그것을 제거하더라도 교통수단을 쓰려는 성향은 그냥 둬야 했다. 그들이 비록 싫어하기는 하더라도 계속해서 시골을 찾아간다는 조건이 필수적인 요소였기 때문이다. 문제는 단순히 앵초와 풍경에 대한 사랑보다는 훨씬 경제적이고 건전한 이유로 교통수단을 소비하게 만들기 위한 동기를 찾아내야 했다.

아름다움은 제거하면서 시골로 사람들을 가게 만드는, 즉 교통수단을 소비하도록 만드는 것은 바로 운동경기였다. 그러면 운동경기를 즐기면서 생산된 제품도 소비하게 된다. 아름다움을 느끼는 것은 『멋진 신세계』에서 가장 큰 적이다. 순수하게 아름다움을 느낀다는 것은 어떤 이해관계도 개입하지 않은 '무관심한 상태(disinterestedness)'이고 그것은 소비의 욕구를 불러일으키지 않기 때문이다. 그들은 그렇게 생각하도록 전기충격을 받고 수동적, 주입적 상태가 극에 달한다.

"우리는 대중이 시골을 증오하도록 유도한다." 국장이 결론을 내렸다. "하지만 동시에 우리는 그들이 시골에서 벌어지는 모든 운동경기를 좋아하도록 유도한다. 그와 더불어 모든 시골 운동이 복잡한 기계 장비를 사용하게끔 신경을 쓴다. 그러면 운동경기를 즐기려고 그들은 교통수단뿐 아니라

✳

생산된 제품들도 소비한다. 그래서 저렇게 전기충격을 주는 것이다."

행복의 수준들: 소마(soma)와 에우데미아(eudemia)

무스타파 몬드(서유럽주재 세계총통. 전 세계에 10명뿐인 인류 지도자 중 한 명)가 상반신을 앞으로 내밀고는 손가락 하나를 학생들에게 흔들어 보였다. "그냥 상상만 해봐." 통제관이 말했다. 그의 목소리는 그들의 고막을 진동시켜 이상한 흥분감을 전달했다. "아이를 낳는 어머니를 두었다면 기분이 어떨지 상상해보라고."

또다시 그 추잡한 말. 하지만 이번에는 그들 가운데 어느 누구도 미소를 지을 엄두를 내지 못했다.

"'가족과 함께 산다'는 말이 의미하는 바가 무엇인지를 상상하려고 노력해봐."

그들은 노력했지만, 보아하니 전혀 성공하지 못한 듯싶었다.

"그리고 가정이 무엇인지 너희들은 알겠니?"

그들은 고개를 저었다.

『멋진 신세계』에서는 모든 이가 모든 다른 이에게 속해있다 (Every one belongs to every one else). 따라서 신세계에는 결혼 제도가 없고, 자유로운 성생활의 추구가 일상적인 규범이 되었다(추재욱, 2014). 문명이란 불임이며 살균이다(Civilization is sterilization). 가정이란 "육체적으로뿐 아니라 심리·정신적으로 더할 나위 없이 추악한 곳이었다. 정신적으로 볼 때 가정은 비좁아 붐비는 생활의 마찰로 숨이 막히고, 감정이 악취를 뿜는 토끼 굴이요, 누추하기 짝이 없는 곳이다. 집안 식구들 사이의 관계란 얼마나 답답할 정도로 밀착되었으며, 얼마나 위험하고, 음탕하고, 비정상적인 요소인가"라며 가정은 개인의 행복을 억압하는 곳으로 등장한다. 그리고 이 세계에서는 모든 것이 소비를 권장 혹은 강제하는 시스템으로 구축되어 있다. 버리는 것이 고치는 것보다 낫다(Ending is better than mending)와 더 꿰맬수록 부가 더 줄어든다(The more stitches, the less riches)라는 말과 의식을 유아에게 주입시켜 대량소비를 권장한다(추재욱, 2014).

『멋진 신세계』에서 불안은 사라졌다. 느낄 필요가 없다. 그런 장애물 자체를 없애버렸기 때문이다.

✳

"너희들 자신의 삶을 돌아보아라." 무스타파 몬드가 말했다. "너희들 가운데 혹시 극복할 수 없는 장애물에 한 번이라도 봉착했던 사람이 있는가?"

그렇지 않다는 뜻으로 그들은 침묵을 지켰다.

"너희들 가운데 혹시 욕망을 의식하고 시달리면서 그것이 충족될 때까지 오랜 기간을 견디며 억지로 살아야 했던 사람은 없었나?"

『멋진 신세계』에서 자유란 비능률적이고 비참해질 수 있는 자유, 엉덩이에 뿔이 난 소처럼 살아가는 자유를 뜻했다.

"소마는 시간적으로 몇 년쯤 상실하게 만들기는 합니다." 의사가 얘기를 계속했다. "하지만 그것이 시간을 벗어나서 인간이 측정할 수 없는 다른 존속성의 기간을 얼마나 무한하게 누리도록 도와주는지 생각해보세요. 모든 소마 휴식은 우리 조상들이 예전에 영원성이라고 부르던 그런 개념의 한 조각입니다."

실제 우리는 헉슬리의 『멋진 신세계』가 보여주듯 그런

세계에서의 행복을 추구하고 있다. 명품을 사고 쇼핑하고 온 날은 어쨌든 행복하다. 가정의 의무를 수행하기보다는 의무 없는 성생활을 추구하고 싶은 것은 비록 판타지적이라고는 하나 적지 않은 사람들의 바람이다. 부담스러운 자유보다는 소유하는 행복을 원한다. 괴로움은 프로작(우울증약)으로 치료하면 된다. 물론 골치 아프게 셰익스피어를 읽을 필요도 없다.

그러나 인간의 행복은 그렇게 단순하지 않다. 일단 행복의 유래를 따져봤을 때 그러한 '신세계적 행복'은 어떤 허점을 지닌다. 개인의 행복과 그 행복의 느낌이 '사회적인 것'과 연계되어 있음은 장기적인 행복의 시계열 추이를 볼 때 잘 드러난다. 부와 행복의 상관관계를 예로 들어보자. 수십 년간 부와 행복의 관계를 연구한 학자들의 결론은 '절대 빈곤 상태에서 중산층에 이르는 기간에는 부가 행복을 증가시키지만, 그다음부터는 부가 행복을 증가시키는데 그만큼의 비율로 기여를 하지 못한다'는 것이다(김윤태, 2010). 이스털린의 법칙이라고 말하는 행복의 한계효용체감 법칙이다. 그러나 아무도 부자가 되고 싶어 하지 않는다면 심각한 경제문제에 직면한다. 경제가 활성화되려면 사람들이 끊임없이 제품과 서비스를 획득하고 소비해야 하기 때문이다. 모든 사람이 자신이 현재 소유한 것에 만족하면 경제는 소멸된다. 그래서 경제제일주의는 '생산과 소비가 개인적 행복의 필수요소'라는 '망상'을 요구한다.

자녀에 대한 신념도 유사하다. 자녀를 갖는 것은 인생 최대의 행복이라는 것이 일반적인 사회적 신념이지만, 실제 자녀를 둔 사람들의 만족도는 아주 낮다(Daniel Gilbert, 2006). 부부는 대개 행복하게 결혼생활을 시작하지만 시간이 갈수록 점점 만족도가 떨어지고 자녀가 집을 떠날 때쯤 되어서야 처음에 그들이 누렸던 만족도를 회복한다. 이런 만족도 패턴은 남성보다 여성에게 더 잘 적용된다. 여성들은 먹고 운동하고 쇼핑하고 낮잠 자고 텔레비전을 보는 것보다 아이들을 돌볼 때 덜 행복하다고 한다. 실제로 아이를 양육하는 것은 집안 허드렛일을 하는 것보다 약간 더 즐거운 일일 뿐이다. 자녀 양육은 무척 고된 일이다. 물론 매우 보람 있는 시간도 많지만 대부분은 자기희생을 감수해야 한다. 그런데 왜 우리는 부모가 되는 것을 낙관적으로 바라볼 수 있을까? 그것은 아이들이 행복의 원천이라는 신념에 반대되는 신념을 보유하는 것은 우리 사회의 근간을 흔들어놓기 때문이며 이러한

사회적 요구가 우리의 행동양식 속에 내재된(embedded) 결과
이다(Daniel Gilbert, 2006: 316-317).

우리는 행복을 말하지만 그것은 많은 경우 '사회화' 된 행복
이다. 우리가 개인의 행복을 말하면서 '사회적 장치'를 늘
염두에 두어야 하는 것은 바로 그것이 우리의 행복을 어떻
게 조종하고 있는지를 알려주기 때문이다.

알랭 드 보통(Alain de Botton)은 불안도 종류에 따라 쓸모가
있다는 사실을 부정하지 않는다. 성공을 거둔 불면증 환자
들이 오래전부터 강조해왔듯이, 생존에 가장 적합한 사람은
불안에 떠는 사람일 수도 있다. 불안 덕분에 안전을 도모하
기도 하고 능력을 계발하기도 한다. 그래서 우리는 어떤 상
태가 되거나 어떤 것을 소유하면 불행해질 수도 있다는 사
실을 뻔히 알면서도 그런 상태나 소유를 선망할 수 있다. 또
우리의 진정한 요구와 관련이 없는 야망을 갖게 될 수도 있
다. 우리 감정은 그냥 내버려 두면 우리를 건강과 미덕으로
이끌기도 하고, 방종, 분노, 자멸로 몰고 갈 수도 있다. 아리
스토텔레스(Aristoteles)는 『에우데미아 윤리학』(Etica Eudemia)에
서 "인간 행동은 제어하지 않고 내버려 두면 보통 극단으로

흐르는 오류를 범한다"고 하면서 이성의 도움을 받아 중도에 이르는 것을 행동의 목표로 삼아야 한다고 주장했다(알랭 드 보통, 2005). 그리고 그러한 중도적 이상은 사회적으로 부여된 것과 개인의 사적인 행복을 최적화하는(optimal) 것을 가장 이상적인 모델로 하고 있다.

레니나는 『멋진 신세계』에서 가장 행복한 사람이다. 소마를 아무 거리낌 없이 적절한 시기에 때맞춰 잘 복용하기 때문이다. 버나드를 따라 원주민 마을을 방문하지만 낯선 장소의 낯선 행위들에 기겁하고 만다.

레니나는 아무런 도움도 없이 스스로 말파이스의 온갖 공포에 직면하게 되었다. 공포는 무더기로 한꺼번에 그녀에게 몰려들었다. 두 명의 젊은 여자가 아기에게 젖을 내미는 광경을 보자 그녀는 낯을 붉히고 눈길을 돌렸다. 그녀는 평생 이토록 불결한 꼴은 본 적이 없었다.

놀라서 어리벙벙해진 레니나는 소마가 없다는 사실을 아예 잊어버렸다. 그녀는 처음으로 얼굴에서 손을 치우고는 낯선 남자를 쳐다보았다. "그럼 당신은 저기서 채찍으로 맞고 싶었다는 얘긴가요?"

여전히 그녀에게서 시선을 돌린 채로 젊은 남자가 그렇다는 시늉을 했다. "푸에블로 마을을 위해서, 비가 내리고 곡식이 잘 자라게 하기 위해서요. 그리고 푸콩(호피 인디언이 섬기는 대지의 신으로 비와 전쟁을 다스림)과 예수님을 기쁘게 해드리기 위해서요. 그리고 또 눈물을 흘리지 않으면서 내가 고통을 견디어낸다는 걸 보여주려고요. 그래요." 그의 목소리가 갑자기 생기를 띠었다.

현대의 삶에서 느끼는 불안과 우울을 벗어나기 위해서는 소마가 필요한 것이 아니라 사회가 제공하는 당근과 채찍의 달콤한 매력으로부터 독립적인 자세를 취할 수 있는 마음의 중도가 필요하다. 이러한 중도적 이상을 갖기 위해서는 자기 행동에 대해 스스로 상도 주고 벌도 내릴 수 있어야 한다. 외적여건에 상관없이 스스로 즐거움과 삶의 목적을 발견해나가는 역량(capabilities)을 개발해야 하는 것이다.

❀

행복한 인간과 사회적 인간

행복에의 강박은 행복이 이데올로기화될 때이다. 행복은 이러이러해야 행복해진다는 자기계발서들이 이야기하는 행복의 법칙들이 대부분 그렇다. 대부분 단기간의 효과만을 발휘하는 이유는 그것이 외부에 의해 주입되기 때문이고, 주체적인 의지와는 관련 없기 때문이다.

그렇다고 사회적 요인들이 전적으로 행복을 결정하는 것도 아니다. 통계적으로는 TV보다는 책을 보는 사람들이 훨씬 행복하다. 단지 TV보다 책이 좀 더 주체적인 선택일 가능성이 높기 때문이다. 그러나 TV 보는 사람 모두가 책을 보는 사람보다 불행한 것은 아니다. TV를 보면서도 행복한 사람도 마찬가지로 '수동적 주입'에 의해서가 아닌, 주체적으로 선택했기 때문이다. 주어진 외부환경에 수동적으로, 이데올로기적으로 길들여져 남들이 하는 그대로가 아닌, 스스로가 선택하고 그 선택한 것을 자신의 내부발전으로 삼을 때 그 사람은 행복하다.

돈이 10억이 있는 사람이 있어도 어떤 사람은 대형차를 타고 다니면서 즐거워하고 어떤 사람은 스포츠카를 타고 다니면서 즐거워하지만, 어떤 사람은 환경친화적인 경차나 자전거를 타고 다니면서 즐거워하는 사람이 있다. 어떤 사람은 100억을 저축통장에 넣고 즐거워하는 사람이 있지만, 어떤 사람은 100명의 직원들과 함께 벌며 즐거워하는 사람이 있다. 타인과의 비교 잣대는 누구나 갖고 있지만, 그 잣대가 화폐의 크기에 조응하는 사람이 있고, 친환경이나 일자리 창출과 조응하는 사람이 있다. 사회적 가치를 내면화시킨 사람과 화폐적 가치를 내면화시킨 사람 사이의 차이는 결국 '어떤 사회'를 어떻게 개인에게 내면화시키느냐의 차이로 나타난다. 여기서 행복론에 사회적 개입이 필요한 이유가 도출된다. 그러나 지금의 우리 사회 행복론은 개인의 문제로 국한되고 있다. 행복은 강도보다 빈도라는 말이 대표적인 개인 행복론의 주장이다. 그것은 얼마나 소마를 자주 먹느냐의 수준과 같은 행복론이다.

야만인 보호구역으로 여행을 갔다가 사고를 당해 혼자 낙오되어 보호구역에 살고 있는 린다는 레니나 크라운에게 야만인의 보호구역 이야기를 이렇게 해준다.

✳

"한데 이곳에서는 말이에요. 어느 누구도 한 사람 이상의 소유가 되어서는 안 돼요. 그리고 일반적인 방식으로 사람들을 소유했다가는 다른 사람들에게 반사회적이고 사악하다는 소리를 들어요. 사람들이 경멸하고 미워하죠. 언젠가는 자기네 남편들이 나를 만나러 찾아온다고 해서 여자들이 떼로 몰려와 난장판을 벌였어요. 이곳 여자들, 그들은 증오심이 강해요. 미쳤죠. 미쳤고 잔인해요. 물론 그들은 맬서스식 훈련이나, 유리병이나, 태아 제조법이나, 그런 종류의 것들은 하나도 알지 못한답니다. 그래서 그들은 개처럼 항상 아이를 직접 낳아요. 그건 너무나 역겨운 일이죠. 그리고 내 처지를 생각해보면... 오, 포드 님이시여, 포드 님이시여!"

그래서 개인의 행복이 사회적 지속가능성과 결합되어야 하는 지점을 새삼 강조하는 이유는 세간의 행복 논의 자체가 끊임없이 개인화의 추세를 강화하기 때문이다. 헉슬리의 『멋진 신세계』의 문명인처럼 말이다. 그러나 『멋진 신세계』의 '야만인' 존은 원시인 미치마 노인에게 질그릇 만드는 일을 배우면서 문명인과는 다른 행복감을 느낀다.

"넌 열다섯 살이 되었어." 원주민 언어로 미치마 노인이 말했다. "이제 너한테 질그릇 만드는 일을 가르쳐줘도 되겠구나."

그들은 강가에 쪼그리고 앉아서 함께 일했다.

"우선 말이다." 젖은 진흙 한 덩어리를 두 손으로 잡고 미치마가 말했다. "우리 자그마한 달을 하나 만들어보자." 노인은 덩어리를 짓이겨 원판으로 만든 다음에 가장자리를 따라가며 꺾어 올렸다. 달은 납작한 그릇이 되었다.

천천히, 어수룩한 솜씨로, 존은 노인의 섬세한 손놀림을 흉내 냈다.

(중략)

모양을 빚어 형태를 갖추면서 존의 손가락들이 기교와 힘을 얻는 느낌이 그에게 보기 드문 기쁨을 주었다. "A, B, C, 그리고 비타민 D." 그는 일을 하면서 혼자 노래를 불렀다. "지방질은 간에 있고, 대구는 바다에서 살아요." 미치마도 노래를 불렀는데, 곰을 사냥해서 죽이는 내용에 관한 노래였다. 그들은 하루 종일 흙일에 몰입했다. 존의 마음은 강렬한 행복감으로 가득했다.

"다음 겨울에는 활을 만드는 방법을 가르쳐주마." 미치마 노인이 그에게 약속했다.

❋

헉슬리는 인간들이 각자의 자기 역량을 발휘하면서 살 수 있는 '섬'을 만들어 역량을 꽃피우는 그런 곳을 진정한 낙원으로 보았다. 『멋진 신세계』에서 섬은 체제 유지에 위협이 되는 사람들을 추방하는 장소인데, 지나친 개성을 가져 사회에 적응하지 못하는 사람들이 개성과 창의력을 맘껏 발휘하며 살아갈 수 있는 장소를 뜻한다. 감정적으로 과잉상태였던 버나드는 무스타파 몬드에 의해 섬으로 추방되어 이곳 소속이 된다. 셰익스피어를 외우고 질그릇을 만들던 '예술가' 야만인 존도 이곳 섬에서 살고 싶어 했지만 무스타파 몬드에 의해 신세계에 살아야 했다. 황무지로 도망친 그는 채찍질로 자해를 했고 매스컴은 그의 채찍질을 묘기로 보고 못살게 군다. 존은 미치마 노인에게서 배워 만든 '활'로써 매스컴의 헬리콥터들에 대항하지만 결국 문명사회에 안착하지 못한다. 존은 무스타파 몬드 총통에게 신세계가 아닌 섬으로 보내달라고 했다. 버나드와 헬름홀츠처럼 그 섬에 가고 싶어 했다. 그러나 존은 가지 못했다. 왜 존은 그렇게 야만의 섬에 가고 싶어 했을까. 그곳은, 헉슬리의 〈섬〉 팔라 그곳은 바로 자기의 힘과 권력을 무기로 타인과 타인들의 공동체를 침범하지 않는 '포용의 섬'이었기 때문이었다.

—

Ⅱ. 현재 또는 미래

—

"17세기 문필가 라 브뤼예르는 궁정에 관한 글에서
이렇게 말한다. '귀족이 시골집에서 산다면
그는 자유롭겠지만 그는 어떤 지원도 받지 못한다.
그가 궁정에 살면 보호는 받겠지만 노예에 불과하다.'
이 관계는 많은 측면에서 자영업자와
막강한 재벌회사의 고위 간부 간의 관계와 유사하다."

– 엘리아스, 문명화 과정

9. 창의성을 생각하다

1520년 독일 화가 알브레히트 뒤러가 네덜란드를 여행하며 쓴 일기에는 앤트워프 축제 행렬 얘기가 나오는데 맨 앞에 이런 사람들이 섰다. 금세공사, 화공, 석공, 직물 자수공, 조각가, 수예공, 목수, 선원, 어부, 푸주한, 피혁공, 포목업자, 제빵업자, 재단사, 제화공 그리고 기타 갖가지 직공과 점원들. 그 뒤에 상인과 군인 공무원, 그다음에는 장엄하고 화려한 의상을 걸친 상류계층, 마지막에 성직자들이 뒤따랐다. 철저히 계급순이었는데 앞장선 그룹이 낮은 계급이었다(야마모토, 2010). 눈에 보이는 손기술과 눈에 보이지 않는 '상상력'은 철저히 분리되어 위계를 이루었다. 근대의 개인은 기교적 손기술과 예술적 상상력을 결합하려 부단히 시도했지만 제대로 성공하지 못했다. 무한 반복하는 기계에 막혔고, 관료화된 조직에 막혔고, 거대자본에 막혔다. 그러다 4차 산업혁명을 맞는 우리 시대가 창의성을 강조하기 시작했다. 창의성은 다시 기술적 지식과 예술적 상상력의 결합을 강조하고 있다. 그렇다면 중세 장인들로부터 시작된 기술과 예술의 통합이 창의성을 말하는 시대에 복원되는 것인가.

창의성을 둘러싼 헤게모니 갈등

창의성(creativity)—또는 창조성—의 중요성은 이제 '4차 산업혁명' 시대에 거역할 수 없는 흐름이 되었지만,[32] 결과만을 놓고 본다면 아쉽게도 지식의 재산화와 특권화의 방향으로 흘러가 버렸고 부의 집중을 가속화시켰다. 실제 창조성의 강조는 특허전쟁과 궤를 같이했다. 소프트웨어 특허는 소프트웨어산업이 급성장하는 과정에서 탄생했다. 1998년 미연방법원은 〈signature financial 사건〉 판결을 통해 모든 소프트웨어(BM 포함)가 특허가 될 수 있다고 천명한다. 그 후 2000년대 특허 소송 전성시대가 되고 모든 하이테크 기업들은 새로운 기술, 전에 없던 기술을 찾게 된다. 자기 기술에 대한 신엔클로저가 전 세계로 확산되면서 기술은 모방의 시대에서 혁신과 창조의 시대로 옮겨가게 된다. 기술의 라이센싱화로 기술확산이 어려워지면서 창조적인 인력에 대한 요구는 더욱 상승했고 기업 내에서 인력의 평가도 조직 충성도에서 혁신적마인드로 전격적으로 바뀌기 시작했다. 이렇듯 창조성의 강조는 혁신의 한계에 봉착한 기업들의 돌파구용이었다.

경제 성장에 관한 연구로 노벨 경제학상을 수상한 로버트소로우(Robert Solow)는 1987년에 "우리는 컴퓨터의 시대가 도래한 걸 어디서든 볼 수 있지만 생산성과 관련된 통계에서는개인용 컴퓨터가 확산되는 효과를 보기가 어렵습니다."라고한탄했다. 혁신의 효과에 대한 이러한 의심은 실제로 어느정도 사실로 드러났다. 2008년 금융 시장이 붕괴되면서 이전까지 가장 빠르게 정보통신기술이 적용되던 대표적인 혁신 분야였던 금융권은 가장 비혁신적인 분야로 인식되기 시작했고 현재까지도 월가는 가장 폐쇄적이고 보수적인 이미지로남아 있다. 이러한 인식의 변화는 시대의 변화를 반영하고있다. 가장 똑똑하고 일 잘하는 사람들이 금융권으로 모여

들던 당시 사람들은 금융권이 혁신을 주장할 때 이를 의심하지 않았다. 하지만 자세히 들여다보니 이들이 주장하던 혁신은 스티글리츠가 적절히 지적했듯이, "어떻게 하면 세련되게 신용 사기를 칠 수 있는지, 혹은 시장을 어떻게 하면 더 왜곡시킬 수 있는지에 대한 방법에 관한 것"이었다.

"이 기간 동안 많은 재원이 소위 혁신적인 금융권으로 흘러들었지만 GDP 성장은 그 이전보다 낮았고 금융위기까지 낳았다. 비슷한 예로, 금융 위기 이전에 발생한 닷컴 버블 역시 그 당시에 혁신적이라고 여겨진 분야에서 발생했다. 온라인을 통해 물건을 주문할 수 있는 시대가 도래했지만 온라인 쇼핑으로 사람들이 절약하게 된 시간을 어떻게 평가해야 하는지, 그것이 어떻게 우리 삶의 질에 어떤 영향을 얼마나 미쳤는지를 평가하는 것은 다른 문제이다."(스티글리츠, 2014)

오늘날의 승자 독식의 경제 체제에서 애완견의 음식을 온라인을 통해 쉽게 주문하고 배달할 수 있도록 만든 혁신가는 많은 이윤을 남기지만 이 서비스가 없었다면 이 혁신가에게 돌아간 이윤의 대부분은 어쨌든 다른 사람들에게 돌아갈 수 있다. 따라서 혁신가가 만든 웹사이트가 실제 경제 발전에는 별로 기여한 게 없을 수도 있는 셈이다. 결국 혁신과 창의성이라는 좋은 어구도 그 시간적 문맥에 따라, 인류에게 주는 편익에 따라 독해되어야 한다.

실제로 창조적 인력들에 의해 일어나는 혁신부문의 일자리는 신기술과 관련되어 있기 때문에 새 일자리라고 생각할 수 있지만 많은 경우 기존 일자리를 대체하고 있다. 예를 들어 여행 웹사이트는 호텔 예약을 더 빠르고 싸게 해준 혁신이지만 미국 전역의 수많은 여행사를 도산시켰다. 넷플릭스 덕분에 영화를 더 쉽고 다양하게 빌려볼 수 있게 되었지만 동네 비디오 대여점은 모두 문을 닫았다. 일자리 손실은 지리적으로 널리 퍼져 있지만 일자리 증가는 대체로 특정 지역에 집중된다. 넷플릭스는 시애틀, 뉴욕, 샌프란시스코만한 지역의 일자리만 증가시키지만 다른 도시들은 소매 일자리의 손실을 겪었다(Moretti, 2012). 이것은 다른 말로 하면 창의성의 시대에 창의성이 혁신의 원동력이지만 동시에 불평등의 원인이기도 하다는 것이다.

혁신부문의 일자리는 회사가 아닌 사람 중심으로 이루어진다. 주커버그가 프렌드피드를 합병할 때 그는 회사가 아닌 설립자 테일러를 얻고 싶었다고 말했다. 혁신 부문은 이제 재능을 가진 사람과 연결된다. 인적자원 그대로가 가치가 되는 시대이다. 자본유치가 아닌 최고의 인적자본이 자본인 시대가 되었다. 창조성은 이런 시대를 그대로 반영한다. 혁신을 원하는 기업은 그것에 걸맞은 인재, 즉 창조성이 넘치는 인재를 원하는 기업이다. 창조성이란 혁신의 조직적 차원을 개인적 차원으로 전환시키며 개인을 어떻게 관리할 것인가 라는 문제를 기업조직에 던지고 있다. 그러나 문제는 창의성이 그렇게 개인적 차원으로 귀결되지 않는다는 점이다.

창의성과 저항성

창의적인 것이란 개인에게 인정욕구와 동시에 심리적 통제감, 자기 통제감을 불러온다. 왜냐하면 내가 창의적이라고 인정받게 된다는 것은 남과 다르다는 것을 인정받는 것인데, 이때 이러한 인정을 받는 순간 '나만의 무엇을 해냈다'는 느낌을 얻기 때문이다. 그래서 창의성은 이중적이다. 남과 다르지만 또한 인정받기 위해서는 남에게 의존해야 하기 때문이다(Mumford and Gustafson, 1988). 이는 소비 영역에도 적용된다. 주문생산 상품의 경우 특정 소비자층을 타켓팅으로 상품을 만들어내는 것인데, 이때 소비자들 또한 다른 상품과 차별화된 것을 내가 소비할 때 자기통제의 효과가 발생한다. 결국 자기통제란 타인과의 차별화, 다른 상품과의 차별화와 동시에 타인에게 의존하는 동조 효과라는 두 가지가 동시에 작용해야만 성립될 수 있는 인식이다. 이것이 가장 잘 나타나는 것이 '창의적인 공동체'이다. 특정한 창의적 공동체 집단에서는 타인과, 타 계급과 다르다는 느낌과 주위로부터 인정받는 느낌을 동시에 충족할 수 있다. 힙스터들은 공동체 내부에서는 서로에게 인정받으며 동조 효과를, 공동체 외부와는 차별화를 통해 자신들만의 차별화된 정체성을 만든다. 결국 자기통제의 느낌이란 결국 사회적인 차원으로 연결되며, 사회적인 차원이란 타인과의 권력관계, 더 구체적으로는 계급 간의 권력관계에서 직접 도출된다. 창의성이 저항성과 연결되는 것도 이 지점이다. 무자비한 상품화에 맞서는 문화, 특히 저항적 하위문화는 자신들만의 독특한 집단을 구성하면서 외집단과의 차별화를 달성한다.

창의성에 저항성이 동시에 깃들어 있다는 인식은 창의성이 파괴적 성격을 갖고 있기 때문이다. 창의성을 상징하는 회사를 떠올려보라고 했을 때 많은 사람들이 애플과 다이슨을

든다. 새로운 영역을 창조한 사람들이다. 혁신 중에서도 파괴적 혁신의 부류는 차별화된 부류이다. 혁신은 그것을 통해 기존 시장이 넓어지는 것인데 혁신을 함으로써 기존 시장이 사라지고 새로운 시장이 떠오르면, 그것은 사실 지배적 위치의 기업이 바라는 바가 아닐 수 있다. 자신들이 지배하던 시장을 내놓아야 하기 때문이다. 많은 혁신이 수사로만 끝나고 혁신이 받아들여지거나 실행되지 않는 이유도 여기에 있다. 그래서 경영학자 크리스텐슨도 잘 지적했듯이, 파괴적 혁신은 혁신을 바라는 기업에서 발생하지만 쉽게 그 혁신을 자신들의 시스템에 내재화하기는 어렵다. 기존 방식대로부터 그리고 점진적 개선으로부터 충분히 많은 이윤을 얻을 수 있기 때문이다. 애플과 다이슨은 자신들의 기술로 기존 시장을 대체했다. 그래서 새로움을 추구하는 창의성이란 파괴적이어서 기존 방식에의 저항적 성격을 동반한다.

이런 이유로 창의성이라는 말을 기득권 지배자가 쓸 경우에는 자가당착에 빠진다. 새로움의 창조와 창의적 사고란 스스로의 파괴, 기존 사고의 파괴를 뜻하며 그것은 현 지배자들의 지배를 부정하는 결과를 초래한다. 결국 창의성이란 이데올로기나 레토릭으로만 작용하거나 아니면 다른 의도된 의미로만 받아들여진다.

그렇다면 지금 이 시대 한국에서의 창의성이란 어떤 창의성일까. 그것은 저항적이기보다는 오히려 현실 도피적 의미로 쓰이고 있다. 언론에서 창조혁신, 창조경제, 창의성이란 말이 쓰이는 문맥이란 청년실업, 스펙 쌓기, 입사 전쟁과 연결되어 있다. 기존 것을 파괴하지 않고 온존시키며, 그것을 외면할 수 있는 소마형 도피를 만들어내는 방식이다.

실리콘밸리 vs 테헤란밸리

그러나 창의성은 그렇게 도피하는 방식으로만 처리해야 할 담론이 아니다. 세계의 상황은 한국의 창의성을 둘러싼 언어게임의 여지를 허락하지 않고 있다. 현재의 지식확산이 인력 간의 이동과 교류를 통해 나타나고 있는 것은 이제 평범한 상식이다. 한 회사의 축적된 지식이 다른 회사로 확산되는 것은 상호 간의 개인적인 교류나 이직을 통해 이루어질 수밖에 없다.[33] 색스니언(Saxenian, 1996)의 지적대로 파티와 같은 개방적인 사회적 교류가 활발한 곳, 그리고 네프(Neff, 2005)의 지적대로 칵테일파티처럼 '네트워킹 이벤트(networking events)'가 활발히 이루어지는 곳이 지식확산의 최적지이다. 실리콘밸리의 커다란 장점도 엔지니어들의 자유로운 전직이었다. 그들의 창의적 역량은 그 지역의 자산이었다. 그러다 2010년 사건이 발생했다.

2010년에 미 법무부는 어도비, 구글, 인튜이트, 픽사, 애플이 서로 상대 회사에서 인재를 채용하지 않기로 비밀협약을 맺었다며 이들 회사를 독점금지법 위반 혐의로 기소했다. 각 회사의 이메일에서 그 증거가 드러났는데 이들 기업은 법무부와의 합의로 사건을 마무리했다.[34] 그 후 기업들이 우수한 인재를 자신들이 놓은 '철창'에 가두지 못하게 되자, 기업들은 돈으로 인재를 사들이기 시작했다. 대기업들은 막대한 자금으로 신생 소기업들을 인수하기 시작했는데, 그것은 소기업들이 만드는 제품 때문이 아니라 소기업들이 보유한 인재를 얻으려는 목적에서였다. 소기업이 개발한 제품은 영영 출시되지 않을 수도 있지만 인재는 거대 조직에 흡수된다(오리 브래프먼·주다 폴락, 2015). 창의성에 대한 강조도 이러한 인력스카우트 반독점 판결이 있었던 2010년 이후부터 본격화된다. 그러나 창의적인 인재를 조직에 흡수하면 온전히 모든 것이 해결될까.

✤

창의성은 이전부터 많은 연구가 수행되었는데, 창의성의 연구는 주로 개인과 집단 수준에서 연구되었다. 기존 연구에 의하면 창의성에 영향을 미치는 요소는 무수히 많다. 내적 동기(1945년의 칼 던커에게서 시작되고 Amabile(1994) 및 Pink, D.(2009)를 중심으로 하는 연구들), 외적 동기(1992년의 Eisenberg를 중심으로 하는 연구들), 상호 신뢰(후쿠야마의 자발적 사회성spontaneous sociality를 중심으로 하는 연구들) 등이 그것이다. 그러나 아이젠베르그(Eisenberg, J., 1999)도 그의 연구에서 지적했듯이, 문화권에 따라 보상에 따른 서로 다른 개인과 집단의 창의성이 나타나기도 한다. 예컨대 집단주의문화가 높은 일본에서는 미국에서보다 개인이 아닌 집단창의성에 대한 보상에 더 민감한 것이다. 이는 한국에서도 비슷한데, 집단 창의성에 대한 보상이 개인 창의성보다 더 창의성에 기여한다는 연구(하주현, 이병임, 류형선, 2011)가 있다. 그런데 여기에는 중요한 변수가 하나 더 있다. 바로 신뢰이다. 높은 신뢰는 위험감수도를 높이기 때문에 창의성이라는 새로운 혁신에 더 개방적이다(Mayer, Davis, & Schoorman, 1995). 이를 확장시키면 한 사회의 신뢰도가 개인과 집단의 창의성에 큰 영향을 주게 된다.

여기서 우리는 지능에 대한 초기의 연구인 메드닉의 연합이론에 주목할 필요가 있다. 연합이론이란 우리 마음은 아이디어들(단어, 이미지, 공식 등)로 구성되어 있는데 한 아이디어는 다른 아이디어와 연합되어 사고를 구성한다. 문제 해결 과정은 한 아이디어가 다른 아이디어를 떠오르게 하면서 연합체인(associative chain)을 구성하는 과정에서 이루어진다. 메드닉의 연합이론에 따르면 나중에 연상된 아이디어가 앞서 연상된 아이디어보다 더 독창적이다. 따라서 먼 거리에 있는 아이디어들의 연합일수록 독창적일 가능성이 높다. 이를 원격연합(remote association)이라고 하는데 이는 서로 먼 거리에서 그리고 이종적인 것 간의 충돌에서 창의성이 움트는 메디치효과(Medici effect)가 활발해짐을 뜻한다(Johansson, F. 2004). 이러한 원격연합과 메디치효과가 활발히 일어나는 사회환경과 제도들이란 결국 인력 간의 이동이 활발한 곳이며, 사회적 신뢰는 위험 감수의 안전감 속에서 이동성이 활발히 일어날 수 있는 여건을 마련한다. 반면 특정 팀과 조직에의 충성에 대한 요구가 과도해질 경우 이동성은 사라지며 결과적으로 개인과 집단의 창의성도 위축된다.

사회의 보편신뢰는 특수신뢰의 합을 넘는다. 보편신뢰는 특수신뢰에는 없는 개인들의 활발한 이동성과 역동성을 보장하기 때문이다. 이는 기존의 연결망 이론에서 인류학자 보트의 영국 20개 도시 가족들의 조사에서 증명되었다. 특정 집단의 연결망에 갇혀 닫혀 있는 연결망일수록 남편-아내의 역할 분절에서 전통적인 사고와 제도에 갇히는 보수성을 띠었다 (Borgatti, S. P., Mehra, A., Brass, D. J., and Labianca, G., 2009). 반면 그라노베터의 약한 유대론과 버트의 구조적 구멍(Burt, 2004), 어리의 네트워크 자본론(존어리, 2014) 등의 연구에서처럼 열린 연결망에서는 정보와 지식의 공유가 활발했다. 자유로운 개인들의 역량이 자유롭게 이동하며 네트워킹하는 것이 개인과 지역, 국가에 모두 도움이 된다.

창의성과 이동성은 긴밀히 결합되어야 한다. 인간의 자유와 그것에 기초한 계약의 속성이라는 자유주의의 원칙은 이동성을 통해 보장받는다. 루소가 '도망과 피난'의 권리를 자연권으로 주장했을 때 그것은 인간이 가질 수 있는 자유와 계약의 기초였다. 계약을 한다는 것은 나는 언제든 계약하지 않을 자유도 있으며, 새로운 계약을 할 수 있다는 전제가 깔려 있는 것이다. 하나의 약속은 또 하나의 약속으로 대체될 수 있다는 것이 계약의 속성이다. 그렇지 않다면 계약은 구속이며 속박일 뿐이다. 계약은 본질적으로 비계약적 속성을 지닌다. 물론 이러한 '계약의 비계약적 속성'에는 사회적 신뢰가 전제되어야 한다.

우리 사회에서 이러한 창의성과 이동성은 조직에 어떻게 투영되고 있을까. 다음의 질문을 통해 문제를 제기할 수 있을 것이다. '왜 대기업 문화를 싫어해도 스스로 나가려 하지 않는가.' 한국 직장인에 관한 많은 설문조사에서 납득할 수 없는 점은 대기업 근무에 만족하지 못하면서 대기업에 들어가려고 하고, 들어가면 나오지 않으려 한다는 점이다. 여전히 대기업은 고 불만과 장기근속이라는 모순적 요소들이 기이하게 병존하는 구조를 갖고 있다. 많은 대기업 종사자는 자신의 근무상황에 만족하지 못하면서 사직하지 않는다. 물론 그 이유는 기업 외부의 조건이 내부보다 더 좋지 않기 때문이다.

그것은 결국 선택의 다양성 문제를 제기한다. 내가 대기업에서 일하는 역량을 갖추고 있으면서 나의 성향에 맞는 분위기의 기업이 있다면 이는 내가 창의성을 발휘할 수 있는 좋은 공간이며 그만큼 나의 역량에 기반을 둔, 즉 나의 자유에 기반을 둔 계약도 가능하다. 삼성, LG, SK, 현대자동차의 조직문화가 완전히 다르고 위치한 지역도 서로 다른 곳에 다른 분위기의 지역에 있다면 언제든 삼성을 나와 현대로도 옮길 수 있고 LG로도 옮길 수 있다. 그러나 조직문화는 대동소이하며 지역도 모두 서울과 그 언저리에 위치하며 동네도 모두 대동소이하다면 '내가 스스로 나에게 적합한 곳으로 옮겨 새로운 계약을 한다는 것'의 의미가 줄어들 수밖에 없다. 선택의 자유가 없으니 계약의 자유도 사라지는 것이다. 미국의 상황이 경제적 독점에 의한 인력의 독점이었고 이것이 경제영역 바깥에서 법의 심판을 받은 것이라면, 우리의 상황은 경제적이며 문화적이며 지역적인 독점이 모두 얽혀있어 법의 심판을 받을만한 대립적 문제영역 자체가 존재하지 않는 상황이다. 루소의 자연권인 '억압으로부터의 도피'를 하려해도 도피할 곳이 없다. 물론 최근 제주도 같은 지역이 자율성을 중시하는 인력의 '도피처'로 부상했지만 그것은 일부분의 주변적이며 개별적인 방식으로 나타날 뿐이어서 오히려 창의성에 도움이 될 수 있는, 창의인력 간의 활발한 소통과 접촉으로 창의성이 발휘되는 지역으로 부상하고 있는가는 회의적이다. 우리의 인력에겐 자신의 출세가 보장되는 '관료의 길'만 존재할 뿐 '혁신가의 길'이란 대안적 선택지는 빈사 상태인 것이다.

미국 첨단인력 반독점 소송은 인력의 자유로운 이동이 막힌 이후 생긴 피해액(배상액)을 대략 3,500억 원으로 예상하고 있다. 사실 창의인력이 소수의 천재라면 이런 일이 생길 이유가 없다. 잡스가 잘하고 브린이 잘하니 그 밑에 직원은 따라서 하기만 하면 된다. 그러나 그런 잡스와 브린이 창의인력들을 자기 휘하에 두기 위해 서로 콜드콜(cold call)금지라는 암약을 맺었다. 그들이 창의적인 직원들에 목매는 이유는 역으로 회사 조직은 그 조직의 리더 한 사람에 의해 움직이는 것이 아니라는 것을 반증한다. 창의성은 자유로운 개인들의 역량이 서로 만나고 소통하면서 이루어진다. 창의적인 개인이 더 나은 조건에서 일할 수 있는 자유를, 그런 계약을 맺을 수 있는 자유를 박탈당한다면 미국 전체의 창의성은 발휘될 수 없을 것이다.

미국의 법원은 애플과 구글 개별 회사 각각의 창의성의 합이 미국 전체 창의성의 합이 될 수 없음을 보여주었다. 미국의 법은 개개인이 더 나은 조건에서 자신과 맞는 또 다른 사람들과 끊임없이 소통하며 개인과 조직 간의 적합함(fitness)을 찾아갈 때 미국 전체의 창의성이 증대됨을 보여준 것이다. 창의성이란 개인들의 자유로운 계약을 보장하는 사회에서 가장 극대화될 수 있으며, 이는 개인들의 역량이 가장 극대화되어

꽃필 수 있는 조건임을 말해준다. 창의성은 누구의 두뇌 속에 감춰져 있는 것이 아니라 자유로운 두뇌와 두뇌가 만나는 그 사이 어딘가에 있는 것이다. 그렇다면 우리의 창의성은 현재 어느 사이에 있는가.

대기업에 들어가려는 사람들 중에 한국 대기업의 관료적이고 수직서열문화와 맞지 않는 인력들도 많다. 미국이나 유럽 같으면 애초에 대기업을 가기보다는 창업을 하거나 자기 일을 찾아갔을 것이다. 그러나 〈요즘 젊은것들의 퇴사〉 다큐에 의하면 '남들이 그렇게 가보고 싶어 하는 회사'이니 한번 입사해 보고 싶었다고 한다. 다큐에서도 그런 사람들을 소개할 때 삼성전자, LG전자, 기아자동차 등에 재직했다가 퇴사한 사람으로 소개하고 있다. 소개 자체에 '전 직장'의 중요성을 부각시킨다. 그러니 '퇴사할 사람들이 입사하는 것'이다. 스스로 높은 자율성을 가진 인력이 일단 대기업을 택하고 적게는 6개월, 많게는 2, 3년 정도를 근무하고 퇴사한다. 자기가 찾고 싶은 일, 하고 싶은 일은 그때서야 시작된다. 모든 인력이 대기업 입사를 '로망'으로 생각하는 시대에 진정한 자신의 로망은 성년 이후에 이루어진다. 남자의 경우 대략 20대 후반이다. 자신의 진정한 적성과 기호를 찾아 내재적 동기를 발휘하는 일이 한국에서 유독 더디게 진척되는 이유다. 창조성을 요구하는 4차 산업혁명 시대의 인력 공백은 한국적 상황에서의 필연적 결과이다. 이동성의 결여는 효율성의 결여, 적합성의 결여, 창의성의 결여로 연결된다. 내가 좋아하고 잘하는 것을 찾지 못한다면 나의 동기와 열정이 발휘될 처지도 없다는 뜻이다. 대입 직전까지만 집중되는 교육자원, 고학력 청년창업의 학원창업 집중화, OECD 최하위권의 총투입시간당 점수, OECD 최고의 전공 불일치 발생률, 30% 이상이 자고 있는 교실(김희삼, 2015)은 자신의 적성을 찾고 그 적성에 맞는 사람들과 만나며 그로 인해 발생할 창의성의 여지가 사라지고 있는 한국의 현실을 잘 보여준다. 이러한 현실은 기존 영역들의 수평성과 이동성의 결여, 즉 위계성과 폐쇄성의 결과이다.

선택은 개인의 자유가 극대화되어 자유로운 상태에서 자신에게 가장 편익이 되는 것을 직접 고르는 것이지만 현실에서는 이미 주어진 조건에서 제안된 제도를 선택한다. 그것은 결국 인간의 선택을 위해 그 사회에서 지지할만한 제도가 존재하는가라는, 즉 그러한 장(field)들이 존재하는가의 문제이다. 이는 아래로부터의 개별적인 행동에 의한 다양한 기질의 노출과 동시에 위로부터의 거대한 압력(big push)에 의한 대안 제시가 서로 만나야 문제 해결의 가능성이 열린다.

창조성과 장들(fields)의 존재: 프라모델 덕후의 삶

가드너는 창의적 인력의 능력과 그것이 발휘될 수 있는 장 (field)의 연결이 중요함을 강조했다(가드너, 2004). 이는 특정한 장, 즉 특정 분야의 사람들이 모인 곳에서 새롭고 경이로운 능력이 인정되어야만 창의적인 인재가 된다는 것이다. 인력의 창조성은 사회적인 여건 속에서만 꽃필 수 있고 인정받을 수 있다는 것이다. 좋은 사회란 자기 고유의 본성과 속성은 보호되지만 그렇다고 고립되는 것은 아니며, 외부의 이질적인 것과 활발히 연계되면서 구조적 구멍(structural hole)이 채워지는 사회이다.

예컨대 어릴 적부터 자동차 프라모델만을 만들고 모아온 수집중독 소년은 이 세상 모든 자동차에 대한 지식만을 갖고 있다. 사람들은 이 아이가 자동차산업 쪽에서 종사하며 그런 특정한 장에 맞추어 그의 능력을 발휘할 것이라고 생각하지만 오히려 전혀 새로운 경찰조직과 결합하여 자신의 자동차

프라모델 지식을 발휘할 수도 있다. 실제로 수집중독 소년은 '뺑소니 자동차 추적 및 판별'의 능력 중에 자동차 모델을 식별하는 일의 일부분을 맡아 자신의 최고 능력을 발휘하게 된다(SBS 영재발굴단 2016. 9월 방영). 자동차 프라모델 지식과 뺑소니범 추적은 서로 전혀 상관없던 장과 능력이 우연하고 넓은 네트워크를 통해 만나게 된 것이다. 어릴 적 프라모델 중독은 부모의 걱정거리에서 경찰조직의 중요 능력으로 전환된다. 또한 차후에 CCTV의 발달로 경찰조직에서 그의 자동차판별능력의 유용성이 사라졌을 때 그의 역량은 묻힐 수도 있지만 또 다른 영역에서, 예컨대 자동차 디자인복제위반 판별기술에도 활용될 수 있을 것이다. 이는 그 사회가 개인의 역량을 어느 정도까지 다양한 장과 접합시킬 수 있는가에 달려 있다. 이것은 단지 프라모델 기호만이 아닌 모든 기호에 적용이 가능하다. 모든 소위 '행위중독'은 이러한 가능성을 갖고 있다. 게임중독자나 쇼핑중독자, 운동중독자 등은 이미 특정 장과의 네트워크를 통해 자신의 능력을 발휘할 수 있는 '여지'를 갖는다. 로봇 전쟁시대에는 게이머가, 사이버 전쟁시대에는 해커가 전사가 된다. 그래서 창조성에는 '여지'가 중요하다. 창조성에 접근하는 중요한 원칙 중의 하나는 그 창조성이 발휘될 수도 있지만 발휘되지 않을 수도 있다는 것이다. 창의성은 잠재된 것이기도 하지만 발휘되어야만 창의적인 것의 의미가 드러난다(Mackinnon, 1965).

창조성을 발휘하기 위해서는 자신의 역량과 장과의 적합성이 필수적이지만 그 장이 고도로 다양하다 해도 그 적합성을 획득하기란 확률적으로 그리 높지 않다. 그래서 창의성을 독려하는 사회에서는 '여지' 즉, '낭비'가 필수적이다. 아인슈타인 역시 "창의성은 낭비된 시간의 잔해(Creativity is the residue of time wasted)"라고 선언한 바 있다(한기순·유경훈, 2013). 그러나 우리 사회는 그런 창의성의 여지를 인정하지 않고, 발휘되지 못하고 주목받지 못하는 '창의적 인력'은 실패했다고 간주한다. 문제는 그 창의성과 장과의 매칭을 제공해주는, 즉 연결망 속에 구멍을 채우는 그 사회의 역동성이다.[35] 그 역동성은 다름 아닌 역량과 장의 적합성이며 그 적합성은 이동성에서 오며 이동성은 또한 다양성과 병존한다. 다양해야 선택할 것이 많아지고 이동이 생기며 그 이동성 기반하에서 자신의 능력을 발휘할 여지가 고양됨으로 사회는 역동적이 되는 것이다. 역동적인 연결망은 쉽게 부서지지 않으며 그래서 그것은 일시적이지 않은 문화적 배태로서 작용한다. 15세기부터 시작된 중세 독일 장인들의 도시 편력이 독일 각지의 기술 수준을 끌어올린 것(아베긴야, 1978: 236)도 지금의 '히든 챔피언 독일'을 만든 문화적 배태와 무관하지 않을 것이다.

그러나 여기서 하나의 혼란이 온다. 그 적합성은 개인 능력과 능력 장과의 다양한 매칭-소위 약한 유대의 네트워킹-을 통해서 이루어지는데 그것이 너무 다양하다 보면 선택의 패러독스가 발생한다. 이동성과 다양성이 불확실성을 줄여주는 것이 아닌, 오히려 불확실성을 증폭시키는 것이다. 또한 그러한 과도한 불확실성은 역으로 창조성을 줄이고 안정성을 선택하는데 기여한다(슈워츠, 2005; Mueller, Melwani and Concalo, 2011). 결국 이동성과 다양성은 무한정하고 과도한 것이 아닌, 즉 선택의 최대화가 아닌 선택의 최적화를 달성할 수 있는 방식으로 이루어져야 하며, 이것은 네트워크가 과도하게 쏠리거나 과도하게 분산되기보다는 특정 허브가 다양하게 존재하는 방식이 필요하다. 네트워크의 다공성(Porosity)이 요구되며, 이러한 조절과 분배가 가능한 다공성을 실현하는 코디네이터의 기능이 요구되는 것이다. 이것이 창의성 시대의 교육제도의 기능이다. 교육제도는 엄격한 규제와 훈육에서도 탈피해야 하지만 모든 아이들을 그대로 내버려

두며 가치의 주입만을 강조하는 방종과 방임에서도 탈피해야
한다. 창의적인 개인 스스로도 자신의 새로움의 개방성뿐 아
니라 새로움의 세련됨을 추구할수록 사회적 수용성을 높일
수 있다. 물론 자본의 요구와 사회의 수사로 떠도는 창의성
에 아무런 제도적 변화의 비용을 치르려 하지 않는 정책입안
자들에게 자신을 내맡기기보다는, 개인 스스로가 경험에 의
해 체득할 수 있는 '세련됨'이라는 장인성(세넷, 2010)을 창의
성에 융합시키려는 주체적인 수행 또한 요구되는 것이다.

보호받으며 스스로 자유롭다

근대란 사회 전체의 합리성 증대이기도 하지만 동시에 자기
의 삶을 조직화할 수 있는 능력이기도 하다. 사르트르도 자신
의 삶 전체의 기획이 '개인'에게 가장 중요한 과제라고 했다.
니체와 푸코, 들뢰즈 등 근대의 철학을 제공한 대가들은 예
외 없이 개인의 삶 자체가 심미적이고 차별적이어야 주체적
삶을 사는 인간으로 설 수 있음을 강조했다. 우리가 개인이
라고 부를 때는 그 개인이 자신의 삶을 통제할 수 있을 때이
며 삶을 통제한다는 것은 스스로가 자신의 일을 선택하고

그 일을 통해 자신의 삶 전체를 조직화할 수 있다는 의미이다. 그러나 그러한 자아가 '무연고적 자아'일 수는 없다. 개인의 자유가 실현되는 것은 결국 선택에 의해서이며 그 선택지들은 그 시대가 제공해주어야 한다. 초월적 주체란 없으며 특정 시대의 특정 사회와 특정 공동체 속에서 인간은 타인으로부터 인정받음으로써 가장 자유로울 수 있다. 르네상스 시기 피렌체의 천재란 결국 개인이 탄생할 수 있는 시기였기 때문에 가능했다. 미켈란젤로는 화가가 되라는 부모를 거역하며 지위가 낮았던 장인(조각가)이 되었고 다빈치는 기존 패트론의 미술가 길을 벗어나 과학기술자와 발명가 같은 '종합예술가'가 된다. 그렇게 낯선 삶을 행하면서도 그들은 도시국가의 천재로 대접받았고 피렌체의 스타가 되었다.

창의성이란 결국 그러한 개인의 삶을 존중하는 근대라는 시대의 삶 안에서 생겨난 것이며, 우리 사회에서의 창의성 담론의 확산은 다시금 한국사회가 처해왔던 근대의 위기를 환기시킨다. 스스로가 자기 삶을 통제할 수 없는 위기와 불안에 직면한 개인이 다시 근대의 정신을 요청하고 있는 것이다. 창의성 담론이란 그래서 기업에서의 요구와 개인에서의 요구가 동시적으로 충돌하여 발생하는 지점이다. 창의성의 강조는 기업의 입장에서는 자기 기업에의 신시장 신상품 돌파구로서의 혁신을, 개인의 입장에서는 자기의 삶을 일을 통해 실현하려는 의식적 노력이다. 그러나 기업의 층위와 개인의 층위는 서로 충돌하며 갈등의 장을 구성하고 있다. 창의성은 유동성과 액체성과 쉽게 결합하지만 육체적이며 정신적인 고통의 나락을 퍼트리는 사회에서는 충성과 서약을 강조하는 폐쇄적 네트워크들 속에서 위축된다. 선택의 불확실성으로 네트워크 속에 갇힌 개인들이 자신들의 역량으로 새로운 네트워킹을 형성할 수 있는 가능성이 그만큼 막혀버리는 것이다. 액체 근대의 시대에 새로운 네트워킹을 만들려는 개인의 시도는 '프리케리아트화'라는 위험을 감수할 수밖에 없다. 창의성이란 나 개인의 능력이지만 창의성의 발휘란 조직을 통해서만 발휘될 수 있기 때문이다. 역량과 통제가 비대칭하고 있는 것이다. 무한히 나의 역량을 키우고 있지만 감시와 통제의 힘은 늘 그것에 앞서 있거나 상위에 존재한다. 그러나 기존 네트워크의 감시와 배제(buffering strategy)에도 불구하고 네트워크에는 구조적 구멍(structural hole)과 그 교량적 역할(bridging strategy)이 있게 마련이다(김문조·김두환·이왕원, 2013). 위험을 감수하며 도전하는 삶이 또다시 이종적인 네트워킹을 형성할 때 역량과 통제의 비대칭을 극복할 수 있는 여지를 열고 권력의 편재를 바꾸는, 또는 느슨하게 하는 실천적 기반으로 작동한다. 그것은 곧 제한된 선택지의 시대에 그 선택지를 넓히는 방식—비록 그것이 더 많은 위험과 불안을 가져올지라도—과 맞닿는다. 공공영역은 이제 고정적이지 않으며 이동성과 가상성을 가지고 구조의 빈틈에서 자라고 있다. 그것은 액체의 시대가 가져오는 불안을 기체의 방식으로 대처하는 역전의 방식이다. 이것은 충성을 강요하고 그것을 충실히 따르더라도 결국 배반당하고 마는 기존의 폐쇄적 네트워크를 벗어나, 마치 서류가방을 들고 여행하듯이 살아가며 감정의 짐을 내려놓고 스스로의 학습으로 역량을 키워나가는 삶의 방식이다(바우만, 2014). 니체의 말대로 인간의 자기창조는 죽음의 순간까지 계속되어야 할 당위이므로 인간의 자아는 언제나 생성(becoming)의 상태에 있다.

❋

—

나가며

—

일반적으로 단순한 일을 잘하는 사람은 복잡한 일을 잘하는 사람에 비해서 그리 높은 평가를 받지 못한다. 그래서 복잡한 일을 잘하는 것, 즉 복잡한 일의 방법이나 절차를 아는 것으로부터 '천재'와 '장인'이 나뉜다. 주변에서 천재적이라고 평가를 받는 사람들이 일하는 스타일은 일을 잘하기 위한 프로세스를 머릿속에서 미리 다 계산하고 결론을 내리는 방식이다. 즉 자신이 어떻게 알았는지 보다는 자신의 사고방식 내에서 복잡한 일을 잘하는 프로세스를 거쳐 결론을 내리는 것이다. 반면 장인은 '복잡한 일을 잘하는 프로세스'를 단순한 것에서부터 시작해 몸으로 터득한 사람이다. 천재들이 공격형이라면 장인은 수비형이다. 수비수는 태도가 중요하다. FC 바르셀로나의 명장 펩 과르디올라는 수비수에 대해 이렇게 말한다. "수비에서는 올바른 태도가 가장 중요하다. 수천 가지 전술도 좋지만 팀을 단결시키거나 수비하는 데 도움이 되는 것은 다름 아닌 올바른 태도다. 원한다면 동료를 위해 달려가 도움을 줄 수 있다. 도움을 주는 선수들은 발전한다. 도움을 받는 쪽보다 도움을 주는 쪽이 더 뛰어난 선수로 발전한다."

천재들은 최고로 잘하지만 당대뿐이다. 물론 천재는 필요하나 그들에게 후대란 없다. 장인은 후대로 이어진다. 초보의 어려움을 잘 알기에 경험으로 터득한 지식을 전달하는 능력이 있다. 경험이 쌓이고 전달이 가능하다는 것은 자기 세계를 세련되게 만들어야 가능하다. 훌륭한 선수가 훌륭한 감독이 되지 못하는 이유도 여기에 있다. 천재적인 선수가 감독이 되면 실력발휘 못하는 선수가 갑갑할 뿐이다. 감독의 가장 큰 능력은 자기가 쌓은 경험으로 자기의 세계를 세련되게 구축하고 그것을 내러티브로 풀어내어 선수들을 설득하는 것인데, 천재는 그런 경험도 이야기도 없어 공감을 얻기 어렵다. 그런 면에서 창조적인 사회는 천재형과 장인형 모두를 포용해야 한다.

랭보가 폴 드므니에게 보낸 편지에서, 시간이 되고자 하는 사람은 무엇보다 자기 인식을 배워야 한다며, 자기 인식의 핵심으로 내세운 것이 바로 견자이다. 랭보가 말한 견자란 말 그대로 미지의 세계를 보는 자, 혹은 그것에 도달하기 위해 몸부림치는 자이다. 시인은 무엇보다 견자가 되어 미지의 세계에 자신의 나라를 세우고자 애쓰는 자이다. 애덤 스미스는 왕이 되고자 하는 자는 기업을 만들라 했다. 랭보는 말한다.

자신의 나라를 만들고자 하는 사람은 아르티장이 되라.*

—

미주

—

1) 이것은 더글라스 홀트의 〈컬트가 되라 Cultural Strategy〉에서 강조했던 문화혁신전략에서도 확인된다. 문화혁신 전략은 저항문화로서의 하위문화를 적극적으로 표현하여 소비자들에게 특정 이념에의 소속감과 정체성을 부여하는 방식의 소비자전략으로서 업종의 문화적 통념을 뒤집고 그러한 혁신에 동질감을 느끼는 소비자들에게 호소하는 방식이라 할 수 있다. 예컨대, 나이키의 경우 무명의 달리기 선수를 주인공화하여 평범한 개인 종목 육상선수들의 평범한 시도를 찬양하는 것, 잭 다니엘스의 경우 프런티어와 장인정신, 전통적인 제조와 작업과정을 강조하는 것, 벤 앤제리의 경우 홈메이드와 친자연 및 귀농이념의 적극적인 묘사 같은 약자의 문화에 의존한 것, 팻타이어 맥주의 경우 다운 시프트와 산악스포츠 등 목가적 삶을 예찬하는 것 등이 그것이다.

2) 톰슨, 『영국노동자계급의 형성 하』, 나종일 역, 창작과 비평사, 2000, 각각 151, 207, 222 페이지에서 인용

3) 본 장의 러스킨의 인용구들은 러스킨, 『나중에 온 이 사람에게도』, 2010, 아인북스에서 인용하였다.

4) Ruskin, Sesame and Lilies에 나오는 말로 정관희(2001)에서 재인용하였다.

5) 러스킨은 1830년대 후반 옥스퍼드 대학 재학시절부터 터너의 작품에 지속적으로 깊은 관심을 쏟았다. 당시 러스킨은 사람들이 터너가 미쳤고 말년의 작품들은 자연에 대해 충실하지 못하다고 생각하는 것에 분개하여 터너를 옹호하는 책자를 제작하기 시작했다. 뿐만 아니라 그의 아버지를 설득해서 터너의 후원자가 되도록 만들기도 했다. 러스킨이 처음으로 터너를 만난 것은 1840년이었는데 그 이후 두 사람은 우정을 지속해갔다(박우룡, 2009).

6) 길드(Guild)는 본래 상인길드, 정치길드 등 동종의 협력조직을 지칭하는 용어로 폭넓게 사용되어왔다. 상인 및 수공업자의 길드인 춘프트(Die Zunft)는 도시경제발전에 중요한 역할을 했다. 1731년 길드개방법으로 숙련공의 보호는 사라지고 이들은 거대한 빈곤층으로 전락했다.

7) 아래 길드에 대한 논의는 Weber, Max, Wirtschaftsgeschichite, 조기준 역, 『사회경제사』의 내용에 의존하였다.

8) 〈뉘른베르크의 명가수〉에서 코트너는 타블라투르에 대해 설명한다. 그는 한 절은 동일한 가락으로 된 두 연으로 이루어지되 각 연들이 수많은 행을 가져도 마지막까지 운율이 흐트러져서는 안 되고, 그 뒤에 이어지는 후절 역시 수많은 행으로 이루어지지만 새로운 가락이어야 한다. 그리고 각각의 노래는 균형 잡힌 비율을 갖는 몇 개 부분으로 이루어져야 하고, 다른 사람이 만든 노래와 4음절 이상 같아서는 안 된다고 말한다.

9) 집단계급(Plebejer)은 라틴어 plebeius, plebs에서 유래하는 말로 익명성을 전제로 하여 형성된 무리를 뜻한다.

10) 집단계급과 다르게 시민(Bürger)은 성(Burg)에 사는 사람을 말하고, 이들이 커져서 도시 (Stadt)로 발전한다.

11) Wagner, Richard, Die Meistersinger von Nürnberg, 김보근 역, 「뉘른베르크의 마이스터징어」, 2001, 25쪽. goclassic (http://www.goclassic.co.kr/club/board/viewfile. html?code=file&number=41) 아직 번역본이 국내에 출간되지 않은 관계로 오페라 동호회 번역 자료를 참고하였다.

12) 이에 호네트는 사랑의 관계에서 좌절은 개인 차원의 경험으로 사회 전체의 문제로 일반화할 수 없다고 지적하며, 권리와 연대의 차원에서 각 개인이 갖는 무시가 집단의 전형적 경험으로 해석될 수 있을 때 집단적 저항을 초래한다고 본다. 이는 인정이 단순히 개인적 차원이 아닌 사회적 차원에서 수용될 수 있어야 한다는 점에서 정책과 제도의 중요성을 시사한다고 볼 수 있다. 호네트의 인정이론은 Fraser, Nancy. and Honneth, Umverteilung oder Anerkennung?, 심원식 · 문성훈 역, 『분배냐, 인정이냐?』, 사월의 책, 2014를 참조할 수 있다.

13) 왈쩌의 다원적 정의에 관한 논의에 대해서는 문성훈, 「마이클 왈쩌의 '다원적 정의'와 현대 사회 비판」, 『범한철학』 70, 2013을 참조할 수 있다.

14) 라몽(Lamont, 1992)은 상징적 경계의 창조에 대해 다음과 같이 말하고 있다. "경계화 작업은...집단 소속감을 발전시키는 방법이며, 그것은 공유된 감정, 성스러운 것과 세속적인 것에 대해 공유하고 있는 유사한 개념, 그리고 상징적인 위반자에 대한 유사한 대응에 기초해 연대를 창출한다. 보다 일반적으로, 경계는 법제화되는 사실적 행위에 참여하는 사람들에게 영향을 끼침으로써 상호 작용을 이끄는 규범 체계를 구성한다. 그리고 규범 체계는 사람들을 다양한 계층, 직업, 젠더, 그리고 인종 등으로 구별한다. 따라서 경계는 집단을 창조할 뿐만 아니라 잠재적으로 불평등을 만들어 내는데, 왜냐하면 경계는 때때로 우월한 라이프스타일, 습관, 특성, 능력과 관련하여 개인이 지위를 획득하고, 자원을 독점하고, 위협을 피하며, 또는 그들의 사회적 이득을 정당화시키는 데에 필수적인 매개물이기 때문이다"(알렉산더, 2010: 429).

15) 벤야민도 그의 〈파사겐베르크〉에서 19세기 기술발전에 대해 많은 예술가들이 반감을 갖고 있는 것에 대해 탐탁지 않아 했다. 철과 유리라는 새로운 건축재료가 등장했을 때에도 이를 이용해 그 재료에 적합한 건물을 지을 수 있음에도 불구하고 사람들의 의식은 그에 못미쳤다. 재료에 상응하지 못하는 인간의식이 재료는 새로운 것이나, 형식은 고딕적인 형식을 띤

건축물을 만들었으며, 철을 사용한 유젠트 양식 또한 형식과 내용은 주로 자연을 모방하는 것이었다(심혜련, 2008). 벤야민은 이러한 어긋나는 구도에 결정적인 타격을 가한 구조물이 바로 에펠탑이라고 보았다. 에펠탑이야말로 새로운 기술에 철저하게 부응하는 기념비적 작품이었다(정충국, 2009:207). 이러한 벤야민의 시각은 아우라론 만이 아니라 그의 제2기술 개념에 근거하고 있다. 자연 지배를 겨냥하는 제1기술은 '기술의 불행한 수용'이며, 자연과 인류 간의 상호작용으로서의 놀이적 기술을 일컫는 제2기술은 '기술의 행복한 수용'으로서, 에펠탑부터 모든 놀이적 기술이 여기에 해당한다. 벤야민이야말로 제2기술개념을 통해 '두 문화'를 극복하는 자였다.

16) 아도르노는 건축가와 예술가와 디자이너에게 자신이 처한 사회, 문화, 물리적, 정치적 조건에 대한 진정한 관심을 통해 근본적인 예술형식을 깊이 탐구할 것을 요구했다. 그리고 그는 이러한 작품에 아주 세련된 방식을 요구했다. 아도르노는 이러한 작업을 하는데 자기 의식을 요구했다. 아도르노의 공예에 대한 관심은 독일의 공작연맹(Werkbund) 운동과 밀접하게 관련된다. 이는 메티어(métier:expertise:전문지식)에 대한 고찰로 이어지는데, 이는 예술가 혹은 직업인의 솜씨나 기법을 의미한다. 이는 아도르노에게 음악을 의미했다. 아돌프 로스와 바우하우스는 물성(objectivity: Sachlichkeit)에 대한 관심을 그에게 불러일으키게 했다. 그는 음악과 건축의 유사성에 대해 생각했고 '물질에 대한 적합성'은 노동의 분화에 근거한다는 원칙을 알게 되었다. 장식에 반대하는 운동은 '목적에서 자유로운'(purpose free) 예술에서 영향받았다. 이는 과도한 장식에서 벗어나 필수적이고 본질적인 부분에 집중하는 예술작품을 추구했다. 이것은 각각의 작품은 어떤 외부적 목적(some external purpose)이 아니라 본연의 논리가 있다는 것이다. 모차르트의 음악을 들은 귀족이 음이 너무 많다는 말에 한음도 필요 없는 것이 없다는 모차르트의 대답은 〈판단력 비판〉에서 칸트가 말한 '목적 없는 목적성'(purposiveness without a purpose: 합목적성)을 의미한다.

17) 바우하우스는 미술해방을 목표로 1918년에 결성된 11월 그룹(Novembergruppe)의 결실이었다. 11월 그룹은 미술공예운동의 영향을 받아 미술과 민중이 하나 됨을 목표로, 미술이 더 이상 시민들의 향락과 사치의 전유물이 아니라 민중의 행복과 삶, 그 자체가 되어야 한다고 주장했다. 그래서 민중이 미술을 직접 향유할 수 있도록 모든 미술활동에 공공성과 민중성을 강조했다. 시민들의 미술 교육기관인 기존의 미술 아카데미를 해체하고, 모리스(W. Morris)의 이상을 따라 '자유로운 생산노동으로서의 미술' 창조를 주장하며, 생산현장에서 마이스터에 의한 도제식 미술교육으로의 전환과 민중교육기관으로서의 미술관(Museum)을 부활시킬 것을 요구했다(이병종, 2012).

18) 실제 바우하우스에서 만들어진 놀이기구들과 체스를 보면 프뢰벨의 2은물과 6은물의 형태라는 사실을 통해 프뢰벨의 바우하우스에의 직접적 영향을 확인할 수 있다. 이후에도 그로피우스의 많은 디자인에서 피뢰벨의 교육내용이 나타나는데, 종이접기 놀이인 18은물이 대표적이며, 그로피우스가 초빙한 바우하우스 교수 이텐의 주택디자인의 경우에도 3은물이 완전히 똑같은 형태였다(오장환, 2008).

19) 인간의 종합적 교육에 관한 문제는 루소Rousseau적인 사고의 영향력 아래 18세기에 이미 제기되었다. 괴테Goethe는 교육의 틀 속에 수공업적인 활동을 도입하여 장인적인 능력의 획득을 모든 예술적 교육의 근본으로 간주하도록 이끌었으며, 쉴러Schiller는 미학적인 교육만이 '감각적이고 정신적인 힘의 총체성을 배양한다는 목표'를 제안한다. 루소의 제자인 스위스의 교육학자 페스탈로찌Pestalozzi의 경우는 학교에 생산적 작업의 삽입으로 사회적인 현실과 교육 사이의 관계 속에서 감수성이 모든 교육의 기초로 작동하여야 한다고 평가하고 있다. 그러나 18세기 말 학교 내에서의 생산적인 작업의 도입은 실패로 돌아가게 된다. 왜냐하면 한편으로는 정신의 양성에 기초한 교육의 인문주의 개념이 이러한 새로운 교육 형태와 상반되며, 다른 한편으로는 생산수단의 발전이(수작업으로부터 공장으로의 이행) 공장의 기계적인 작업을 학교 내에서 이행할 수 있도록 허락하지 않았기 때문이다. 결국 교육은 다시 정신적인 양성애로 귀착하게 되면서 작업의 세계와 구체적인 세계를 등한시하게 되었다(김연홍, 1999: 21).

20) 모홀리 나기는 예술작품을 구상하는 개념과정이 제작 방식보다 중요하다고 인정하였지만 예술가도 일종의 엔지니어라고 생각하였다(Whitford, 1984: 123). 그의 작품은 단순하고 기하학적인 요소들을 계산으로 산출해 내어 완전히 추상적이며 구성적인 것이었고, 작품 제목도 문자와 숫자로 되어 있어 언뜻 과학적인 암호처럼 보였다. 학생들은 이방인인 그가 독일의 전형적인 위엄성과 초연함에서 벗어나 새로운 매체와 기술에 마음의 문을 열도록 도와주어 무척 반겼지만, 적지 않은 동료들은 비이성적인 것을 모조리 거부하며 기계에 대해 다른 견해를 가진 그에게 등을 돌리기도 하였다. 그러나 모홀리 나기는 바우하우스의 첫 졸업생이자 다재다능한 요세프 알버스josef Albers를 동료로 맞아 예비과정을 함께 운영하게 되면서 다시 힘을 얻는다. 학생들은 그들의 지도를 받아 재료의 특성과 다양한 형태의 변형 가능성을 시험하며, 제품들을 값싸고 질 좋으며 대량생산을 위한 기능성을 갖춘 새로운 형태로 탈바꿈시켜 나갔다(문미선, 2011).

21) 바우하우스 도자기 공방의 조형마이스터는 게르하르트 마르크스였다. 바우하우스 도자기 공방은 1919년 가을 바이마르의 쉬미트 공장의 가마를 사용하여 설립하려 했지만, 공장

측에서 실습을 허락지 않았다. 1920년 봄에 도른브르크의 개인 가마를 임대하여 공방을 개설하게 되는데, 준 마이스터인 막스 크레한이 참여하였다. 이 공방에는 또 오토 린디히라는 유능한 도제가 있었다. 린디히는 튀링겐에 있는 도자기 공장에서 실습한 다음 반 데 벨데의 공예학교에 입학했고 1917년 졸업했다. 또 그 후 데오도르 보글로도 참여한다. 이들은 그때까지의 민예풍 수공예품을 대신해서 소성온도를 높인 단단하고 엷고 단순한 형태의 양산용 모형을 제작했다. 물론 양산된 것은 소수였으나 도자기 공방은 바우하우스 공방 중에 가장 먼저 수공예로부터 기계에 의한 대량생산체제로 전환하는데 성공했다(권명광, 2005: 49).

22) 아르누보에 대한 재평가의 기운이 일어난 것은 1960년대부터이다. 사람들은 기능 우선의 디자인에 저항감을 느껴 싫증을 내기 시작했다. 오로지 물건의 기능성만을 추구하는 것으로 배제되어 온 장식성이 다시 주목을 받아, 그쯤부터 백화점의 식기 코너에서도 주류는 이미 "good design"이 아니라 꽃무늬나 우아하고 아름다운 곡선풍이 되었다. 디자인사(史)가 S. 기디온에 의하면 "인간의 장식하고 싶어 하는 욕망은 생리적 현상이며 사랑하거나 배고픔을 견디는 욕구와 같으므로 부정할 수 있는 것이 아니다"는 것이다. 또한 그는 기계적 대량생산은 역사의 필연이라고 해도 "거기에서 초래된 공예기술의 저하와 소재 감각의 퇴폐가 인간환경을 깊은 혼란 속으로 빠뜨렸다"고 지적하고 있다(Giedion,1965). 멈포드는 더 나아가 〈기계의 신화〉에서 과잉발전된 기술은 궁극적으로 인간의 제조 활동의 소멸을 가져와 '인간 삶'을 멸종으로 이끌지도 모른다고 경고했다(멈포드, 2012: 244).

23) 「제8회 인적자원개발 컨퍼런스」, 2014. 9. 24. 고용노동부. 물론 꼼빠뇽은 현재 다른 직업훈련기관과 마찬가지의 공통된 특성 또한 갖고 있다. 견습 초반에는 60~75%의 시간을 회사에서 보내고, 시간이 지날수록 점점 더 많은 시간을 회사에서 보내는 시스템이다. 꼼빠뇽 훈련과정을 이수한 이들의 취업 현황은 다음과 같다. 꼼빠뇽 훈련과정은 1973년 프랑스 정부에 의해 정식인가를 받았다. 수료증을 획득한 사람 중 88%가 기술 자격증을 취득하며, 94%가 취업에 성공했다. 현재 꼼빠뇽 드 드부아 협회는 목수, 보일러공, 석공, 태피스트리, 와인, 베이커리 등 20개 이상의 직종에 대한 꼼빠뇽 훈련과정을 제공한다. 이 제도를 경험한 이들의 75%가 6년 뒤에도 동종 업계에 남는다. 견습 초기 센터에서 교육받는 기간은 독일의 기술훈련과정과 비교했을 때 매우 길다.

24) UNESCO, 2010 (http://www.unesco.org/culture/ich/index.php?lg=fr&pg=00011&RL=00441, 2015년 5월 15일). 이 단체 이외의 주요 협회와 관련을 맺고 있는 교육생과 견습생의 수는 훨씬 상회한다. 2010년 유네스코의 보고서에 따르면 꼼빠뇽 제도를 실행하는 3대 주요 협회에서 훈련을 받고 있는 인원은 4만 5천 명에 달한다.

25) 모든 국가에 꼼빠뇽을 위한 숙소가 있는 것은 아니다. 2010년 현재 60여개의 국가에서 지망생들은 꼼빠뇽의 훈련과정의 일환인 훈련 여행을 진행하고 있다.

26) 꼼빠뇽 드 드부아 협회는 이제는 잘 사용되지 않는 직함인 Prévôt라는 직함을 계속 사용한다. 프랑스 대혁명기 이전 다양한 법관, 관료의 총칭이다. 여기에서는 관장으로 옮긴다.

27) 'Tour de France'라고 불리는 이 여행운동은 꼼빠뇽을 지망하는 여러 견습생과 수습생들에게 공간적인 위치를 유연하게 지원해준다. 꼼빠뇽 견습생들이 이러한 여행을 할 수 있는 것은 공간적 위치의 변화를 가능케 해주는 집(Maison)들의 광범위한 네트워크망이 존재하기 때문이다. 이러한 사회기반을 통해 견습생들은 새로운 일터와, 새로운 동료, 새로운 환경과 적응하고 의사소통을 하는 능력을 기르게 된다. 단순히 자신의 기술을 증진시키는 것 이상으로, 다른 지역의 문화를 익히고 이해함으로써 기술자 이상의 문화생산자라는 인력으로 양성된다(Malloch, Kleymann, Angot, Redman, 2005).

28) 예를 들어 1995년과 1996년, '꼼빠뇽 제도, 최고의 길'(Le compagnonnage, chemin de l'excellence)을 개최하였고, 2010년에는 '열정에서부터 작업까지. 꼼빠뇽 드 드부아 협회의 걸작전'을 개최하였다.

29) 〈앤트워프 길드의 해체〉 연구에 따르면, 대량생산에 따른 좋은 상품의 출현으로 길드의 상품이 저평가되어 길드가 해체되었지만, 동시에 소비자 충성도는 마이스터의 신뢰성에 계속 의존하고 있었다고 본다. 길드 기반의 장인, 즉 장인 길드의 신뢰성이 사라진 것일 뿐이다. 상품의 질은 오랜 역사를 거쳐 현대에까지 마이스터들의 우수한 손기술에 의해 계속 정당화되었다. 중세의 상품의 질을 관리했던 길드는 상품의 질을 관리하는 회사로 대체되었다고 할 수 있다. 마이스터의 속성은 그대로 남아 있었던 것이다. 즉 현대에 다시 마이스터들끼리의 경쟁이 생기고 그것이 다시 마이스터의 기술적 신뢰를 더 높여주면서 마이스터가 현대에까지 계속 존속하게 된 것이다(De Munck, B., 2008: 197-233).

30) 이하 대담 인용은 저자가 오사카대학의 선원석 박사와 함께 지역장인들을 만나 인터뷰한 내용이다.

31) 이하 본 장에서 인용된 내용은 인용표시가 없을 경우 올더스 헉슬리, 안정효역, 멋진 신세계, 소담출판사의 내용이다.

32) 물론 이에 대해서도 창의성과 혁신에 관해서는 다양한 의견이 있는데, 일례로 창의성은 혁신의 한 단계로 보는 관점(Van de Ven 외, 1999)과 대체로 창의성은 새로운 지식을 포함하는 반면, 혁신은 새롭지 않은 것일 수 있으며, 창의성은 폭증하는 것이며 혁신은 점증하는 성격이다(Bessant, 1998)라는 주장도 있다. 그러나 그 이전부터 이미 학자들에 의해 창의성의

개념은 확산적 생산(divergent production) 및 사고에서부터 문제해결과 그 의지력까지를 포괄하는 것이었다(Torrance, 1966; 1974). 더 나아가 창의성의 투자이론(Sternberg, 2006)과 구성요소이론(Amabile, 1988)에서 보듯 사회문화적, 제도적 맥락 내에서 새롭고 유용한 것으로 인정받는 결과물을 만들어내는 능력과 환경으로 확장되었다(가드너, 2004; Plucker et, 2004a; 2004b; 최영섭, 2013).

33) 전직금지 관련 미국의 판례도 이런 추세를 반영하고 있다. 애초에 미국에서는 불가피한 누설(Inevitable Disclosure) 이론에 근거하여 사용자의 근로자에 대한 전직금지 청구가 폭넓게 인정되어 왔다. 그러나 이 이론은 사용자들이 근로자들을 부당하게 위협하여 회사에 남아있도록 하는 강력한 수단이 된다는 부작용으로, 그리고 경제성장을 저해한다는 주장까지 제기되면서 현재 미국 법원들은 더 이상 불가피한 누설 이론을 따르지 않고 있다(박준석, 2009).

34) 그 후 2014년 애플, 구글, 인텔, 오디비 등 4개 기업이 서로 직원을 채용하지 않고 이직을 막는 담합을 했다는 혐의로 피고용인들로부터 피소를 당했다. 미국 캘리포니아 북부 연방지방법원 새너제이지원에서 진행된 '하이테크 피고용인 반독점 집단소송(High-Tech Employee Antitrust Litigation)'에서 이들 기업은 3억 4,400만 달러(약 3,560억 원) 이상의 합의금으로 소송이 취하될 예정이다. 이 소송으로 실리콘밸리 기술인력 6만 4,000여 명이 보상을 받을 것으로 예상하고 있다(연합뉴스 2014.4.25).

35) 토마스 스탠리 교수는 백만장자들이 어떻게 재능을 찾았는가에 대한 연구에서 유망직종을 선택한 비율은 5%에 불과했고, 우연히 천직을 찾았다는 응답이 29%, 시행착오를 거쳐서라는 응답이 27%임을 밝혀냈다. 우연의 중요성은 약한 유대의 강력함(the strength of weak ties)을 지지한다.

---

*5장은 강원대 김형일 박사, 6장은 파리4대학의 이나라 박사, 7장은 오사카대학의 선원석 박사와 함께 장인탐방을 하며 작업한 논문의 일부이다. 본 저작에 실린 내용은 필자가 집필한 부분으로서 내용상의 오류가 있다면 그것은 전적으로 필자의 책임이다.

〈참고문헌〉

Aaker, Jennifer L. 1997. "Dimensions of brand personality", Journal of marketing research: 347~356.

Adamson, G., The Craft Reader, Berg Publishers, 2010.

Alexander, V. D. 2003. "Sociology of the Arts." Wiley-Blackwell. 빅토리아 알렉산더 지음. 『예술사회학』. 최샛별, 한준, 김은하역. 살림. 2010

Anscombe, I. 1987. "The Search for Visual Democracy." The Journal of Decorative and Propaganda Arts, Vol.4, 6-15.

Anthony Giddens. 1986. The Constitution of Society: Outline of the Theory of Structuration, California: University of California Press

Amabile, T.M., 1988. A model of creativity and innovation in organizations. Research in organizational behavior, 10(1), pp.123-167.

Amabile, T.M., Hill, K.G., Hennessey, B.A. and Tighe, E.M., 1994. The Work Preference Inventory: assessing intrinsic and extrinsic motivational orientations. Journal of personality and social psychology, 66(5), p.950.

Barnett, Jonathan M. 2005. "Shopping for Gucci on Canal Street: reflections on status consumption, intellectual property, and the incentive thesis.", Virginia Law Review 2005: 1381~1423.

Beck, U. 1999. Schöne neue Arbeitsweit: Vision: Weltbürgergesellschaft, Frankfurt/M.: Campu. 『아름답고 새로운 노동세계』. 홍윤기 역. 생각의 나무. 2008.

Benner, C. 2003. "Learning communities in a learning region: the soft infrastructure of cross-firm learning networks in Silicon Valley." Environment and planning A 35, 10: 1809-1830.

Bennett, R.J., Robson, P.J. and Bratton, W.J., 2001. The influence of location on the use by SMEs of external advice and collaboration. Urban Studies, 38(9), pp.1531-1557.

Bessant, J., 1998. Developing continuous improvement capability. International Journal of Innovation Management, 2(04), pp.409-429.

Blumer, H., Symbolic interactionism, 박영신 역. 『사회과학의 상징적 교섭론』. 까치.

1982.

Boehm, J.K. and Lyubomirsky, S., Does Happiness Promote Career Success?, Journal of Career Assessment, 2008.

Borgatti, S.P., Mehra, A., Brass, D.J. and Labianca, G., 2009. Network analysis in the social sciences. science, 323(5916), pp.892–895.

Brillet, F., Hulin, A. 2009. La vision prospective à l'épreuve de la tradition: le devenir des métiers des compagnons du devoir, Management & Avenir n° 25.

Bright, JR., 1958. Automation and management, Boston: Division of Research, Graduate School of Business Administration, Harvard University.

Brookings Institution, 2014, "All Cities Are Not Created Unequal", Alan Berube.

Brown, 2010, "Managing marketing channel opportunism: the efficacy of alternative governance mechanisms", Journal of Marketing 64, 2: 51~65.

Burt, R.S., 2004. Structural holes and good ideas 1. American journal of sociology, 110(2), pp.349–399. Cambridge: Harvard University Press

Can-Seng Ooi, 2002, "Persuasive histories: Decentering, recentering and the emotional crafting of the past", Journal of Organizational Change Management, Vol. 15: 6, pp.606~621.

Carr, N., 2014. The glass cage: automation and us, WW Norton & Company. 『유리감옥』. 이진원 역. 한국경제신문. 2014.

Craig, D.M., 2006. John Ruskin and the ethics of consumption. University of Virginia Press.

Coe, N.M., 2000. The view from out West: embeddedness, inter–personal relations and the development of an indigenous film industry in Vancouver. Geoforum, 31(4), pp.391–407.

Cvetkovich, A., 2012. The Utopia of Ordinary Habit: Crafting, Creativity, and Spiritual Practice, in Depression: A Public Feeling, NC: Duke University Press.

De Castéra, B., 2003. Le compagnonnage. Presses universitaires de France.

De Munck, B., 2008. Skills, Trust, and Changing Consumer Preferences: The Decline of Antwerp's Craft Guilds from the Perspective of the Product Market, c. 1500–c. 1800, International review of social history, 53, 197–233.

Duncker, K. and Lees, L.S., 1945. On problem-solving. Psychological monographs, 58(5), p.i.

Edensor, Tim, and Sophia Richards, 2007, "Snowboarders vs skiers: Contested choreographies of the slopes.", Leisure studies 26, 1: 97-114.

Eisenberg, J., 1999. How individualism-collectivism moderates the effects of rewards on creativity and innovation: a comparative review of practices in Japan and the US. Creativity and Innovation Management, 8(4), pp.251-261.

Enrico Moretti, 2014, "Are cities the New Growth Escalator?", World Bank Policy Research Working Paper No. 6881.

Erikson, E.H. Childhood and Society, Norton, 1993.

Fournier, Susan, 1998, "Consumers and their brands: developing relationship theory in consumer research.", Journal of consumer research 24, 4: 343-353.

Fraser, N. and Honneth, A., Umverteilung oder Anerkennung?. 심원식·문성훈 역. 『분배냐 인정이냐?』. 사월의 책, 2014.

Geertz, C., The interpretation of cultures. 문옥표 역. 『문화의 해석』. 까치, 1998.

Giddens, A. 1991. Postmodernity. 이윤희 역. 『포스트모더니티』. 민영사, 1991.

Giedion, Sigfried, Space, Time and Architeucture: The Growth of a New Tradition.

Goffman, E., 2008.Interaction Ritual: Essays in Face-to-Face Behavior, Transaction Publishers. 진수미 역. 『상호작용의례: 대면행동에 관한 에세이』. 아카넷, 2013.

Grabher, G., 2002. The project ecology of advertising: tasks, talents and teams. Regional studies, 36(3), pp.245-262.

Gregson, Nicky, Louise Crewe, 2002, "Shopping, space, and practice.", Environment and Planning D 20, 5: 597-618.

Gropius, W. 1965, "The new architecture and the Bauhaus , Vol. 21." MIT Press.

Guédez, A., 1994, "Compagnonnage et apprentissage", Sociologie d'aujourd'hui, PUF, Paris.

Gummesson, Evert, 1998, "Implementation requires a relationship marketing paradigm.", Journal of the Academy of Marketing Science 26, 3: 242-249.

Habermas, Jurgen, Theorie des kommunikativen Handelns. 장춘익 역. 『의사소통행위이론 1,2』. 나남, 2006.

Harrod, Tanya, 1994. "Crafts: Twenty-one years reviewed.", Journal of Design History 7, 4: 299–301.

Hartwick, Elaine R, 2000. "Towards a geographical politics of consumption.", Environment and Planning A 32, 7: 1177–1192.

Hautin, C., Billier, D. , 2000. Etre compagnon, Presses universitaires de France

Hede & Torgeir Watne, 2013. "Leveraging the human side of the brand using a sense of place: Case studies of craft breweries.", Journal of Marketing Management 29, 1–2: 207–224.

Heidegger, Martin. Sein und Zeit. 전양범 역. 『존재와 시간』. 동서문화사. 2015.

Heidegger, M., 1977. The question concerning technology, and other essays (pp. 3–35). New York: Harper & Row.

Herzberg, F., Mausner, B. and Snyderman, B., 1959. The Motivation to Work, Wiley, New York.

Herzberg, F., One more time: how do you motivate employees?, Harvard Business Review, Vol. 65 No. 5, including a retrospective commentary . originally published in 1968, 1987, p. 109–20.

Honneth, A., 2003. Kampf um Anerkennung, Suhrkamp, Vol. 248. 문성훈·이현재 역. 『인정투쟁』. 사월의 책. 2010.

Honneth, A., Verdinglichung: Eine anerkennungstheoretische Studie. 강병호 역. 『물화: 인정이론적 탐구』. 나남. 2005.

Icher, F., 1999. Les Compangnonnages en France au XXieme Sie'cle: Histoire. Memoire et Representation. Jacques Granger. Paris.

IFEZ Journal 제 34호 2010년.

Isabelle Anscombe. 1987. "The Journal of Decorative and Propaganda Arts." Vol. 4, pp. 6–15

Jackson, Tim, 1999, "Consumption, sustainable welfare and human needs—with reference to UK expenditure patterns between 1954 and 1994.", Ecological Economics 28, 3: 421–441.

Jakob, D., 2013. Crafting your way out of the recession? New craft entrepreneurs and the global economic downturn. Cambridge journal of regions, economy and society, 6(1), pp.127–140.

Johansson, F., 2004. The Medici effect: Breakthrough insights at the intersection of ideas, concepts, and cultures. Harvard Business Press.

John Hassard, Mihaela Kelemen, Julie Wolfram Cox, Disorganization Theory: Explorations in Alternative Organizational Analysis, Routledge, 2012

Kant, I., 2013. Lectures on Ethics, Cambridge Books online.

Karrie Jocobs, 2010. "Made in Brooklyn", Metropolis.

Knight, Frank H, 1921. "Risk, uncertainty and profit." New York: Hart, Schaffner and Marx.

Krueger and Mikael Lindhal, 2000. "Education for growth: why and for whom?.", National Bureau of Economic Research, No. w7591.

Lamont, M. 1992. "Money, morals, and manners: The culture of the French and the American upper–middle class." University of Chicago Press.

Lissoni, F., 2001. Knowledge codification and the geography of innovation: the case of Brescia mechanical cluster. Research policy, 30(9), pp.1479–1500.

Luedicke, Thompson, and Giesler , 2010. "Consumer Identity Work as Moral Protagonism: How Myth and Ideology Animate a Brand–Mediated Moral Conflict.", Journal of Consumer Research, 36.

Macaulay, D., 1981. Cathedral, Sandpiper paperbound. 『고딕성당』. 하유직 역. 한길사. 2008.

MacKinnon, D.W., 1965. Personality and the realization of creative potential. American Psychologist. 20(4), p.273.

Malloch, H., Kleymann, B., Angot, J., Redman, T., 2005. Les Compagnons Du Devoir: emergent lessons for HRD, 6th International Conference of UFHRD, United Kingdom.

Matchar, Emily. 2013. "Homeward bound: Why women are embracing the new domesticity." Simon and Schuster.

Mayer, R.C., Davis, J.H. and Schoorman, F.D., 1995. An integrative model of organizational trust. Academy of management review, 20(3), pp.709–734.

McCullough, Malcolm, 1998. "Abstracting craft: The practiced digital hand." MIT press, 1998.

Minahan, Stella. 2005. "The organizational legitimacy of the Bauhaus." The Journal of Arts Management, Law, and Society 35.2: 133–145.

Mindrup, Matthew. 2014. Translations of Material to Technology in Bauhaus Architecture. In: Wolkenkuckucksheim, Internationale Zeitschrift zur Theorie der Architektur. Vol. 19, Issue 33, cloud–cuckoo.net/fileadmin/issues_en/issue_33/article_mindrup.pdf [inquiry date].

Milkman, R. 1997. Farewell to the factory: Auto workers in the late twentieth century., Univ of California Press.

Miller, Daniel, 1998. "A theory of shopping." Cornell University Press.

Moretti, E., 2012. The new geography of jobs. Houghton Mifflin Harcourt.

Mueller, J.S., Melwani, S. and Goncalo, J.A., 2011. The bias against creativity why people desire but reject creative ideas. Psychological science, p.0956797611421018.

Mumford, L., Art and Techniques. 박홍규 역. 『예술과 기술』. 텍스트. 2011.

Mumford, L., Techniques and Civilization. 문종만 역. 『기술과 문명』. 책세상. 2013.

Mumford, M.D. and Gustafson, S.B., 1988. Creativity syndrome: Integration, application, and innovation. Psychological bulletin, 103(1), p.27.

Neff, G., 2005. The changing place of cultural production: The location of social networks in a digital media industry. The annals of the American academy of political and social science, 597(1), pp.134–152.

New York Times, 2014. "Even Among the Richest of the Rich, Fortunes Diverge", Annie lowery.

Nietzsche, Friedrich Wilhelm, Der Wille zur Macht. 강수남 역. 『권력에의 의지』. 청하. 1988.

Nigel, B., Geoffrey C., Does Herzberg's motivation theory have staying power?, Journal of Management Development, Vol. 24 No. 10, Emerald Group Publishing Limited, 2005.

Nonaka, I., Takeuchi, H. , 1997. La connaissance créatrice, la dynamique de l'entreprise apprenante, Paris, De Boeck Université.

Paxson, Heather, 2010. "Locating Value in Artisan Cheese: Reverse Engineering Terroir for New-World Landscapes.", American Anthropological Association.

Plucker, J.A. and Beghetto, R.A., 2004. Why Creativity is Domain General, Why It Looks Domain Specific, and Why the Distinction Does Not Matter. In R. J. Sternberg, E. L. Grigorenko and J. L. Singer , Eds., Creativity: From potential to realization , pp. 153-167. Washington, DC: American Psychological Association.

Pink, D. 2009. The surprising truth about what motivates us. https://www.youtube.com/watch?v=cFdCzN7RYbw

Plucker, J.A., Beghetto, R.A. and Dow, G.T., 2004. Why isn't creativity more important to educational psychologists? Potentials, pitfalls, and future directions in creativity research. Educational psychologist, 39(2), pp.83-96.

Polanyi, K., 1947. Our Obsolete Market Mentality, Commetary 3.

Polanyi, K., 1964. The Great Transformation, Boston, Beacon Press.

Rifkin, J., 2014. "The Zero Marginal Cost Society: The Internet of Things, the Collaborative Commons, and the Eclipse of Capitalism", Macmillan.

Rousseau, J.J., 2006. , Ducontrat social. 『사회계약론. 인간불평등 기원론』. 정성환 역. 홍신문화사.

Ruskin, J., 1883. Sesame and Lilies. JB Alden.

Ruskin, J., 1849. The Seven Lamps of Architecture. 현미정 역. 『건축의 일곱 등불』. 마로니에북스. 2012.

Ruskin, J., 1853. The Stone of Venice. 박언곤 역. 『베니스의 돌』. 예경. 2006.

Russel, B., 1932. In Praise of Idleness, The Massachusetts Green Party.

Saxenian, A., 1996. Regional advantage. Harvard University Press.

Schneider, Rolf. Wagner für Eilige. 김수연 역. 『바그너』. 생각의 나무. 1997.

Schutz, A., The Phenomenology of the Social World. Evanston. Northwestern University Press. 1967.

Schulz, Jeremy. 2006. "Vehicle of the Self The social and cultural work of the H2 Hummer." Journal of Consumer Culture 6, 1: 57-86.

Sennet, R., The Craftsman. 김홍식 역. 『장인: 현대문명이 잃어버린 생각하는 손』. 21세기북스. 2010.

Sennett, R., 2012. Together: The rituals, pleasures and politics of cooperation. Yale University Press. 김병화 역. 『투게더』. 현암사. 2013.

Sennett, Richard. 2003. "Respect in a World of Inequality." WW Norton & Company

Traphagan, John W and L. Keith Brown. 2002. "Fast food and intergenerational commensality in Japan: new styles and old patterns." Ethnology 119–134.

Sennett, Richard. The Culture of the New Capitalism. 유병선 역. 『뉴캐피털리즘』. 위즈덤하우스. 2009.

Smith, A., 1887. An Inquiry Into the Nature and Causes of the Wealth of Nations.정해동 역. 『국부론』. 범우사.

Sousa-Poza, A., Sousa-Poza., A.A., Well-being at work: a cross-national analysis of the levels and determinants of job satisfaction. Journal of Socio-Economics 29. 2000.

Staniszewski, M. A. 1995. "Believing is seeing: Creating the culture of art." New York: Penguin.

Stead, Martine. et al. 2011. "Why healthy eating is bad for young people's health: Identity, belonging and food." Social Science & Medicine 72, 7: 1131–1139.

Sternberg, R.J., 2006. The nature of creativity. Creativity research journal. 18(1). pp.87–98.

Svendsen, L., 2008. Work. Reaktion books. 안기순 역. 『노동이란 무엇인가』. 우듬지. 2013.

Taleb, N.N.,. 2012. Antifagile. Random House Incorporated. 안세민 역. 『안티프래질』. 와이즈베리. 2013.

Thompson, E.P., 2011. William Morris: romantic to revolutionary. PM Press. 윤효녕 외 역. 『윌리엄 모리스: 낭만주의자에서 혁명가로』. 한길사. 2012.

Thrift, N. and Leyshon, A., 1994. A phantom state? The de-traditionalization of money, the international financial system and international financial centres. Political Geography. 13(4), pp.299–327.

Toman, R., 1999. The Art of Gothic: Architecture. Sculpture. Painting.

Torrance, E.P., 1966. Torrance tests of creative thinking. Personnel Press, Incorporated.

Torrance, E.P., 1974. Norms–technical manual: Torrance Tests of Creative Thinking. Lexington, MA: Ginn.

Trinity Connelley–Stanio, Gender, Craft, and Industry: Polarization in the Bauhaus Weaving Workshop, 2014.

Tung, F. W. 2012. "Weaving with rush: Exploring craft–design collaborations in revitalizing a local craft," International Journal of Design, 6, 3, 71–84.

UNESCO, 2010. For inscription on the Representative List of The Intangible Cultural Heritage, Nomination File No.00441.

Wagner, Richard. 김보근 역. 『뉘른베르크의 마이스터징어』. 2001. 카라얀본 기준. goclassic. www.goclassic.co.kr/club/board/viewfile.html?code=file&number=41

Walzer, Micheal, Spheres of Justice: A Defense of Pluralism and Equality. 정원섭 외 역. 『정의와 다원적 평등』. 철학과 현실사. 1999.

Warde, A., 1994. Consumption, identity–formation and uncertainty. Sociology, 28(4), pp.877–898.

Weber, Max, Wirtschaftsgeschichte. 조기준 역. 『사회경제사』. 삼성출판사. 1997.

Welz, G., 2003. The cultural swirl: anthropological perspectives on innovation. Global Networks 3, 3: 255–270.

Whitford, F., 1984. Bauhaus . World of Art. Thames a Hudson. United Kingdom.

Wingler, H., 1980. The Bauhaus. 1962.

Shiner, L. 2001. "The invention of art: a cultural history." University of Chicago Press.

괴테, 요한 볼프강. 2004. 『이탈리아 기행1,2』. 박찬기 역. 민음사.

권명광 편. 1984. 『바우하우스』. 미진사

권명광. 1986. 『바우하우스: 바이마르 뎃사우 베를린 시카고』. 미진사.

기엠 발라게. 2013. 『펩 과르디올라』. 이주만 역. 한스미디어.

김남옥. 2016. 『마누엘 카스텔』. 커뮤니케이션북스

김동환. 2004. 『시스템 사고』. 선학사.

김문조. 2014. 『융합문명론』. 나남.

김문조. 2013. 『현대사회학이론』. 다산출판사.

김문조, 김두환, 이왕원. 2013. '학업성취 관련요인들이 STEAM (융합인재교육) 교과목

흥미다양성에 미치는 영향.'「교육사회학연구」 23, 3: 31-58.

김문조, 유승호, 정의준. 2013 '뉴미디어와 현실의 사회적 재구성: 생활세계론적 접근.'「담론201」 16, 1.

김문환. 1995. '문화경제학입문.'「문화논단」. http://www.arko.or.kr/zine/artspaper95

김미영. 2006.「현대공동체주의」. 한국학술정보.

김병용. 2004. '중세의 도시재판권 자치화: 쉬텐달, 브란덴부르크, 잘츠베델의 경우.'「역사교육」90: 207-228.

김용한. 1994. '[트리스탄과 이졸데]와 [뉘른베르크의 명가수들]은 '제시부'가 없는 음악극인가.'「음악과 민족」 8: 202-221.

김연흥. 1999. '독일 바우하우스와 러시아 브후테마스의 설립배경 및 건축교육특성에 관한 비교연구.'「경복대학 논총」 3: 117-137.

김유경. 2013. '마크 로스코의 색면 회화에 내재된 보편성.'「미술치료연구」 20, 2: 431-447.

김윤태. 2010. '행복지수와 사회문화적 분석.'「문화경제연구」 13, 1: 23-45.

김은경. 1998. '존 러스킨의 '디자인' 개념에 관한 고찰.'「조형디자인연구」 1: 87-111.

김진경. 2005. '어린이의 발견'과 바우하우스: 모더니즘에 나타난 '순수함'의 숭배.'「디자인학연구」 62: 237-246.

김혜지. 2013. '페트루스 크리스투스의 금세공인: 장인, Craftsman과 사업가, Entrepreneur.'「서양미술사학회논문집」 38: 7-30.

김효원. 1999. '문학에서의 유토피아: 스키너의 Walden Two와 헉슬리의 Island.'「영어영문학」 18, 1: 35-42.

뉴스페퍼민트. 2014.3.11. '혁신의 수수께끼.'

다니엘 길버트. 2006.「행복에 걸려 비틀거리다」. 서은국, 최인철, 김미정 역. 김영사.

러스킨. 2010.「나중에 온 이 사람에게도 : 생명의 경제학」. 곽계일 역. 아인북스.

루이스 멈포드. 2012.「기계의 신화2: 권력의 펜타곤」. 김종달 역. 경북대출판부.

리처드 도킨스. 2006.「이기적 유전자」. 홍영남 역. 을유문화사.

리처드 세넷. 2006.「신자유주의와 인간성의 파괴」. 조용 역. 문예출판사.

리처드 세넷. 2010.「장인: 현대문명이 잃어버린 생각하는 손」. 김홍식 역. 21세기 북스.

마이클 왈저. 1999.「정의와 다원적 평등: 정의의 영역들」. 정원섭 역. 철학과현실사.

마하트마 간디. 2010.「마을이 세계를 구한다」. 김태언 역. 녹색평론.

문미선. 2011. '바우하우스 교육과 학과목 〈바우하우스〉의 구성.'「독일어문학」52: 59–84.

문성훈. 2013. '마이클 왈쩌의 다원적 징의와 현대 사회 비판.'「범한철학」70: 391–421.

민유기. 2009. '아르누보와 문화 민주주의 −파리 서민주거개혁에 미친 아르누보 건축의 영향력'「서양사론」94: 101–133.

바우만. 2014. 「희망, 살아 있는 자의 의무」. 인디고 연구소 역. 궁리출판.

박영욱. 2010. '현대 건축에 나타난 공간 개념의 철학적 고찰'「범한철학」57: 389–413.박우룡. 2009. '감성의 작용: 19세기 영국 사회개혁 전통의 감성적 기원'「호남문화연구」45: 299–335.

박정호. 2012. '분노와 저항−대중의 분노는 오늘날 사회적 저항의 동력이 될 수 있는가?'「시대와 철학」23, 4: 137–161.

박준석. 2009. '영업비밀 침해금지청구에 대한 우리 법원의 태도: 기술정보유출을 중심으로'「저스티스」114: 160–205.

박흥식. 2000. '중세 동업조합의 총회: 북독일 도시의 사례를 중심으로.'「서양사론」67, 1: 65–93.

배리 슈워츠. 2005. 「선택의 심리학」. 형선호 역. 웅진지식하우스.

석승혜. 2015. '신자유주의시대의 주체생산과 저항가능성에 대한 연구: 푸코와 호네트를 중심으로.'「사회사상과 문화」18, 4: 353–394.

송성수. 2009. 「기술의 역사」. 살림출판사. 23–24.

심혜련. 2006. '예술과 기술의 문제에 관하여: 벤야민과 하이데거의 논의를 중심으로.'「시대와 철학」. 17, 1: 7–37.

아리스토텔레스. 2013. 「니코마코스 윤리학」. 천병희 역. 숲.

아마르티아 센. 2008. 「살아있는 인도」. 이경남 역. 청림출판.

아마르티아 센. 2001. 「자유로서의 발전」. 박우희 역. 세종연구원.

아베긴야. 2007. 「중세를 여행하는 사람들」. 오정환 역. 한길사.

알랭 드 보통. 2005. 「불안」. 정영목 역. 이레.

알랭 드 보통. 2011. 「여행의 기술」. 정영목 역. 청미래.

애덤 스미스. 2003. 「국부론 상·하」. 최호진, 정해진 역. 범우사.

앤디 프랫, 폴 제프컷. 2011. 「문화경제의 창의성과 혁신」. 한국문화관광연구원 역.

한국문화관광연구원.

야마모토 요시타카. 2010. 『16세기 문화혁명』. 남윤호 역. 동아시아.

영남일보. 2014.10.13. '미리 보는 유엔미래 보고서 2045, 줄어드는 일자리의 대안 '메이커 센터''.

예술의 전당. 2015. '장식예술박물관: 파리 일상의 유혹.'

오리 브래프먼, 주다 폴락. 2015. 『최고의 조직은 어떻게 혼란을 기회로 바꿀까』. 이건 역. 부키.

오장환. 2008. '근대예술의 '순수성' 탐구와 프뢰벨 교육의 영향에 관한 연구—20 세기 초의 아방가르드예술단체와 결부된 공통적인 교육적 배경을 중심으로.' 『대한건축학회지회연합논문집』. 10, 2: 1–8

오장환. 2013. '바우하우스 창조성–예술 교육의 낭만적 정신성에 관한 연구.' 『한국실내디자인학회 논문집』. 22, 3: 135–144.

원용찬. 2005. '경제의 실체적 개념과 호모 리시프로칸.' 『산업경제연구』 18, 5: 2345–2365.

이기상. 1998. 『존재와 시간 용어해설』. 까치글방.

이동용. 2008. 『바그너의 혁명과 사랑』. 이파르. 26–27.

이병종. 2012. '독일 공작연맹과 바우하우스의 디자인 과학화 운동의 특성.' 『기초조형학연구』. 13, 2: 353–362.

이상화. 1994. '디스토피아에서 다시 유토피아로: 올더스 헉슬리의 〈섬〉.' 『영어영문학』 40, 3: 493–517.

이윤아. 2006. '특집 1: 영국적인 것에 대해서: 1960 년대 "영국주간, British Week'과 영국 디자인 진흥원, The Council of Industrial Design의 디자인 전시.' 『미술사와 시각문화』. 5: 36–63.

이응철. 2013. '소비행위의 사회문화적 의미와 상징적 가치: 인류학적 관점의 리뷰와 청바지 사례에 대한 시론적 검토.' 『한국소비문학회』. 16, 4: 29–47.

이코노미 조선. 2013.01.07. '솔로 이코노미' 시대 활짝.

자크 엘루. 2011. 『기술의 역사』. 박광덕 역. 한울출판.

장남수. 2003. '논문: [어려운 시절] 을 통해 본 자본의 훈육 전략.' 『영어영문학』. 49, 3: 521–539.

정관희. 2002. '러스킨의 심미적 예술관 연구.' 『인문사회과학논문집』. 30: 42–54.

정예지, 김성국. 2012. '독일 바우하우스 창립자. 발터 그로피우스를 통해 살펴본 변혁적 리더십과 문화적 자본.'『경상논총』. 30. 3: 49–77.

정충국. 2009. '테크놀로지 시대의 예술과 기술–벤야민의 예술론과 기술론을 중심으로.'『독어교육』46: 189–214.

정희라. 2011. '영국의 내셔널트러스트: 역사와 '영국성'.'『역사와 문화』. 21: 177–203.

조윤주, 최지희. 1999. '바우스하우스의 디자인 교육과정과 공방교육의 주택건축계획.'『경성대학교 논문집』20, 2: 323–333.

조선일보. 2014.10.25. '일본인이 가장 좋아하는 브랜드 1위 '모스버거'.'

존 어리. 2014.『모빌리티』. 강현수, 이희상 역. 아카넷

진휘연. 2002.『아방가르드란 무엇인가』. 민음사.

찰스 디킨스. 2009.『어려운 시절』. 장남수 역. 창비.

찰스 디킨스. 2011.『데이비드 코퍼필드』. 신상웅 역. 동서문화사.

최병두. 2013. '창조경제, 창조성, 창조산업: 개념적 논제들과 비판.'『공간과 사회』. 23, 3: 90–130.

최영섭. 2013. '창의성의 사회적 차원: 창의인재 논의의 정책 지평 확대를 위한 이론적 검토.'『The HRD Review』. 16, 4: 8–33.

최태숙. 2005. '15세기 전후 피렌체 사회 배경과 문화의 특징: 건축 직능 전문화의 시작.'『건축과 사회』. 2: 16–29.

추재욱. 2014. '대위법적 문명의 의미 탐색: 헉슬리의 『멋진 신세계』.'『문학과 환경』. 13, 2: 327–351.

하워드 가드너. 2004.『열정과 기질』. 임재서 역. 북스넛.

하주현, 이병임, 류형선. 2011. '개인과 집단의 창의성 비교와 집단의 보상효과연구.'『창의력교육연구』. 11, 1: 89–107.

한국경제. 2014.09.01. '色다른 外食…美 디너랩 열풍.'

한기순, 유경훈. 2013. '우리는 진정 창의성을 원하는가?'『창의력교육연구』. 13, 3: 53–70.

한겨레신문. 2008.11.25. '아름답고 저렴해야 디자인 민주주의.'

홍명순. 2002. '바그너의 오페라『뉘른베르크의 마이스터징어』에 나타난 전통과 새로운 가치 창조의 문제.'『독어교육』23: 657–658.

홍성욱. 2009. 『예술, 과학과 만나다』. 이학사.

玉野井 芳朗平野健一郎 編譯, 經濟の文明史, 東京, 日本經濟新聞社, 1947.

岡本祐子,「陶器職人における専門家アイデンティティの生成と継承 I」,「広島大学心理学研究」第10号, 2010.

柳宗悦,「工芸の道」, 講談社学術文庫, 2005. (원저는 1928)

小関智弘,「仕事が人をつくる」, 岩波新書, 2001.

岩田均,「職人仕事の本質」,「立命館経営学」第48巻第4号, 2009.

永六輔,「職人」, 岩波新書, 1996.